edition Maul helden

Hildegard Keller & Christof Burkard

Frisch auf den Tisch

Weltliteratur in Leckerbissen

Illustriert von Hildegard Keller

Edition Maulhelden № 2

Hildegard Keller, Literaturkritikerin (Literaturclub SRF, Bach-mannpreis ORF / 3sat), Professorin und Autorin, schreibt und zeichnet sich durch die Weltliteratur.

Christof Burkard, Jurist, Mediator und Kulinariker, malt und kocht sich durch die Weltliteratur. Seine besondere Aufmerksamkeit gilt den zu Unrecht geschmähten Lebensmitteln.

INHALTSVERZEICHNIS

VORWORT

Zugegeben, ich war skeptisch, als mir die Idee für eine Kolumne über Literatur und Kulinarik im «Literarischen Monat» zum ersten Mal begegnete. Ich hatte bei der Zeitschrift gerade frisch angefangen und wir waren auf der Suche nach einer neuen Kolumnistin, weiblich. Sicher: Hildegard Keller, bekannt aus Funk und Fernsehen, würde dem Heft als Autorin gut zu Gesicht stehen. Aber musste sie ausgerechnet kochen?

Wir haben uns für die Kolumne entschieden – aus voller Überzeugung. Nicht nur, weil sich schnell herausstellte, dass hier nicht Hildegard Keller, sondern Christof Burkard für die Rezepte besorgt ist. Entscheidend war die Herangehensweise der «Maulhelden» an Literatur.

Sie erschließen über die kulinarische Hintertüre eine neue, mit Hildegards wunderbaren Zeichnungen auch grafisch angereicherte Dimension von Literaturgenuss – und das gelingt ihnen auch jenseits der bedruckten Seiten. Literatur bleibt frisch, wenn sie die Welt von Seminarräumen und Wasserglaslesungen verlässt und im «echten Leben» weitererzählt wird.

Genau das tun unsere beiden Helden: «Frühstück mit Rosa Luxemburg», «Apéro mit Hannah Arendt» sind Titel von «Maulhelden»-Veranstaltungen. Wie es Hildegard Keller selbst ausdrückt: Literarische Figuren, und ich ergänze: eben auch ihre Urheber selig, müssen ins Leben derer gelassen werden, die noch eines haben. Dann bleiben sie lebendig. Dieses Buch kann also erst die halbe Miete sein. Jetzt sind Sie dran!

«Frisch auf den Tisch» enthält die im «Literarischen Monat» erschienenen Kolumnen über Herman Melville, Gottfried Keller, Friedrich Glauser, Robert Walser, Ingeborg Bachmann, Alfonsina Storni und Hannah Arendt in überarbeiteter Form, die Texte, Zeichnungen und Rezepte zu Max Frisch, Rosa Luxemburg sowie Walter Benjamin sind neu, ebenso das Gespräch der «Maulhelden» am Ende des Buchs.

Im Übrigen: Sie halten auch einfach ein unglaubliches Kochbuch in den Händen. Ich meine: Glacé backen?!? Wahrlich eine «Omelette surprise»! Und selbst wenn Christof Burkard bescheiden meint, Rezepte *erfinden* könne man

8

heute eigentlich kaum noch: mir jedenfalls eröffnen sich hier noch jede Menge neuer Welten, und das gilt auch für den mir vertrauteren literarischen Teil.

Sie entschuldigen mich, ich muss mal in der Küche nach dem Rechten sehen. Aber mit «Frisch auf den Tisch» kommen Sie garantiert auch allein bestens zurecht, und ich verspreche Ihnen: Langweilig wird Ihnen weder beim Lesen noch beim Kochen und Backen werden.

Gute Lektüre – und guten Appetit!

Stephan Bader

CLAMCHOWDER FÜR MATROSEN

Herman Melville stärkt sich für MOBY DICK

Wir laden Sie ein ins *Try Pots.* Das *Try Pots* ist der «fishiest of all fishy places». Von morgens bis abends kocht dickflüssiger Chowder in den Töpfen: «Chowder for breakfast, and chowder for dinner, and chowder for supper», bis man glaubt, die Fischgräten kämen schon durch die Kleidung heraus. Obwohl hier sogar die Milch nach Fisch schmeckt und das Wirtshausschild an einen Galgen erinnert, gilt es als eines der besten Hotels auf Nantucket. Am Tisch sitzen zwei Matrosen, die sich im Morgengrauen auf die Suche nach dem weissen Wal machen werden: Ishmael, der weiße Seemann und Erzähler, nimmt mit seinem schwarzen Kumpan Queequeg einen traditionellen Clam Chowder zu sich. «… thinks I to myself», denkt ersterer laut, als wir uns zu ihnen setzen und schon bald erfahren, wie Queequeg den Gott Yojo befragt und was es für einen richtig guten Clam Chowder eigentlich braucht.

Die Szene stammt aus Herman Melvilles epochalem Roman *Moby-Dick; or, The Whale* (New York, 1851), in dem die Suche nach dem großen Untier, dem Leviathan, beschworen wird. Sie beginnt im Manhattan des 19. Jahrhunderts, als Ishmael auf dem Walfängerschiff Pequot anheuert. Es wird vom einbeinigen Käpt'n Ahab kommandiert, an und unter Deck wimmelt es von seltsamen Gestalten – und man sticht in See, obschon das Schiff nach einem ausgestorbenen Indianerstamm benannt ist. Düstere Vorahnung hin oder her: Der Kapitän will den weißen Wal, der ihm sein Bein geraubt hat.

Der Roman, der zu seiner Publikationszeit meist missverstanden wurde, dreht sich um die Frage, ob ein Mensch sein Leben dazu einsetzen darf, eine tiefe Verletzung, die er in sich trägt, zu rächen – und ihren Urheber unter Aufbietung nicht nur der eigenen Kräfte zu verfolgen. Der Roman bietet die Crew auf der *Pequot* einerseits, den weißen Wal andererseits zu einem Duell auf, das er in übersteigerter Brutalität abbildet. Auf der Monumentalbühne des Meeres sehen wir Männer verzweifeln und sterben, aber ihr Anführer bleibt besessen. Er will den Wal ums Verrecken.

Melvilles Roman ist vielschichtig, auch der frühindustrielle Umgang mit der Natur bricht sich in ihm, denn der Glattwal, den Ahab mit einem dunklen Verfahren der Gewinnverteilung im Sinn verfolgt, bedeutet eigentlich die Welt. Melville ist ein Seher aus dem 19. Jahrhundert, der auch uns sieht. Bob Dylan gesteht in seiner Nobelpreis-Rede, dass Ishmael, der einzige Überlebende, in vielen seiner Songs weiterlebt. Wer den Klassiker in die Hände nimmt, lässt ihn nicht mehr los. Von derselben Magie ist auch der Clam Chowder.

I love all men who dive.

Deep, deep and still deep and
deeper must we go, if we would
find out the heart of a man.

Herman Melville

Clam Chowder

für 4 Personen, 45 Minuten

Clam Chowder (Suppe mit Muscheln) oder Cod Chowder (Fischsuppe) erinnert an die Vermählung der Elemente in der Küche der Neuengländer. Das Geheimnis liegt in der richtigen Gewichtung von Küsten- und Meer-Anteil, das Sie ebenso entzücken möge wie Ishmael: «But when that smoking chowder came in, the mystery was delightfully explained. Oh, sweet friends!»

Küstenanteil
2 Schalotten sehr fein gehackt in einer großen Kasserolle gelb dünsten, dazu 4 mittelgroße festkochende Kartoffeln zuckerwürfelgroß geschnitten beigeben, anziehen und mit 2 dl trockenem Weißwein ablöschen.
4 mittelgroße Rüebli schälen und in Streifen schneiden und quer hacken, sodass zehnmal kleinere Rüebliwürfeli entstehen und 1 Bund Suppenselleriekraut (alternativ: einen Teelöffel Selleriesalz) feingehackt beigeben.

Wenn Flüssigkeit auf Null reduziert ist, 3 dl Ge-
müse-Bouillon beigeben und etwas köcheln lassen, dann 2 dl Milch beigeben und nach 25 Minuten Kochzeit den Meeranteil beifügen.

Meeranteil
300 g festkochenden Meerfisch (*cod* ist Kabeljau) in Würfel geschnitten beigeben, zusätzlich
100 g Jakobsmuscheln halbiert (alternativ: gleiche Menge Crevetten) beigeben und 7 Minuten
fertig garen.

Vor dem Servieren einen Becher Creme fraîche
und einen Bund feingehackte italienische Petersilie darunterziehen und sehr heiß servieren.
Dazu frisches Baguette, Ciabatta oder Pagnol
und ein Gläslein Feuerwasser zum Abschluss!

MALFATTI FÜR DIE KÖCHIN

Alfonsina Storni und das Schräge
in Küche und Kunst

In einem Archiv in Buenos Aires liegen Fotos, die Alfonsina Storni an langen Esstischen mit Kollegen zeigen – doch, die exklusiv männliche Form ist richtig, eine Frau gehörte nicht in die Öffentlichkeit. Mit Appetit eine Neuerscheinung feiern, das ist Literaturbetrieb *a la argentina*. Die 1892 im Tessin geborene, 1896 mit ihrer Familie ausgewanderte Lyrikerin, Kolumnistin und Theaterautorin setzte sich ein lächerliches Hütchen auf, mit Feder oder tief ins Gesicht gezogener Krempe.

Andere Fotos zeigen Storni in der Küche. Nur die Verschmitztheit, mit der sie im Kochtopf rührt, verrät, dass sie die Rolle der gewöhnlichen «Hausfrau» für eine Illustrierte spielt. Als ein Chefredaktor ihr die Kolumne «Für die Frau» anbot, zischte sie zuerst: «Emir, ich koche am liebsten zu Hause, wenn es mir gerade passt oder ich Lust habe, meinem Schatz etwas Leckeres zuzubereiten.» Dann nahm sie an.

Später, nachdem sie ihre ernüchternden Erfahrungen mit dem Theaterbetrieb in Buenos Aires gemacht hatte, schrieb Storni nur noch Farcen. In einem Einakter mit Epilog machte sie die Köchin Polixena zur Haupt- und ein Stubenmädchen zur Nebenfigur, sehr frei und männerlos nach Euripides' Tragödie. Die «kleine Köchin» inszeniert darin ein Jungfrauenopfer zwischen Bratpfannen, Kohlköpfen und Zwiebeln, und macht in Trauer um Achilles auf ihrem Altar viel Geschepper. Das Stubenmädchen fürchtet sich vor dem Tod. Da sagt Polixena: «Zum Tod verurteilt? Wir sind alle zum Tod verurteilt. (...) das einzige, was ich die Menschen lehren würde, ist sterben können. Wer zu sterben versteht, ist groß.» Aber das Stubenmädchen sagt nur: «Ach, Mädchen. Mir ist Marmeladenbrot lieber.»

Im Epilog darf Euripides die im frühen 20. Jahrhundert ganz langsam anfangende Emanzipation kommentieren. Als ihm ein Fisch berichtet, dass eine Frau sein Theaterstück neu zur Aufführung bringe, empört sich der Grieche, dass «Sapphos Schülerinnen nicht aufzuhalten sind», und will sterben. Aber wie, wo er doch schon tot ist? Da erbarmt sich der Fisch und lässt ihn in sein Maul springen.

Alfonsina Storni hat ihr Tessin nicht verklärt, sondern die Armutskultur unter der Knute der Kirche nüchtern beschrieben. Ein Tessiner Traditionsgericht wie Polenta fänden wir ebenso unpassend für Alfonsina wie das argentinische Rindfleisch-Brimborium. Sie mag ihren Zeitgenossinnen wie eine «Malfatta» erschienen sein, für uns aber ist sie eine freie Radikale mit direktem Draht zum Himmel. Im Gedicht «Ultra-teléfono» telefoniert sie ins Jenseits: «Du Papa? Ich werde bald zu euch kommen». Nachdem sie ihr letztes Gedicht, «Voy a dormir» («Ich gehe schlafen»), zur Post gebracht hatte, fand Alfonsina Storni 1938 im Meer den Tod.

Ich suche nach einer wundersamen
Zukunft: eine absolute Sprache hören,
Gesichter mit mehr als zwei Augen
sehen, auf einem Bein gehen und neue
Leckereien naschen: Trauben von
Weinreben auf dem Meeresboden,
klingende Fische, marinierte Sterne.

Alfonsina Storni

Alfonsinas Malfatti

für 4 Personen, 30 Minuten

«Malfatti» sind Ricottaklößchen, die weder ein-
förmig noch konform sind und deshalb «miss-
raten» und «misslungen» heißen. Alfonsina
Storni pfeift darauf, ihr Herz schlug sowieso für
das Individuelle. Malfatti sind wunderbar leicht.
Wie wir gern sagen: die bekömmlichen Brüder
der Gnocchi, deren Genuss das Arbeiten verun-
möglicht und den Schlaf schwer macht.

Der Festanteil
2 Eier werden kräftig geschlagen und mit 300 g
Ricotta vermischt. Dann 80 g Weizenmehl, 100 g
geriebenen Käse (wir nehmen halb Parmesan,
halb rezenten Greyerzer), Salz und Muskatnuss
(oder alternativ: feingeschnittenen Basilikum)
darunterziehen.
Man lässt die Masse eine halbe Stunde stehen,
kann sie aber auch schon am Vortag zubereiten.
Dann kommt der magische «Malfatto»-Mo-
ment: Man sticht mit einem Esslöffel Klöß-
chen in der Grösse einer Zwetschge ab, streift

sie mit dem Zeigfinger ins siedende Wasser, wo ein jedes seine einzigartige Form annimmt. Höchstens 10 aufs Mal. Erst sinken sie auf den Pfannenboden, sobald sie gar sind, steigen sie hoch. Die fertigen Malfatti fischt man sanft mit einem Teesieb aus dem Wasser und legt sie in die gebutterte Gratinform im vorgeheizten Ofen (160 Grad). Und so eine Schicht auf die nächste, bis die Masse verarbeitet ist.

Der Flüssiganteil
Man serviert die Malfatti entweder mit flüssiger Butter oder auch mit Tomatensauce oder Pesto. Buen provecho, amigos!

KUSKUS IM KSAR

Friedrich Glauser bei den Berbern

Kommen Sie mit nach Gourrama, einen kleinen Militärposten im südlichen Marokko um 1923. Nordafrika gehört seit fast hundert Jahren zu Frankreich, und dieses sichert seine Herrschaft mit einer Armee aus Ausländern. Einer dieser Fremdenlegionäre, Lös, tanzt aus der Reihe. Er ist anders. Wenn ein nacktes Mädchen vor ihm steht, besinnt er sich anstatt wie andere zuzupacken. Als ihn aber das Berbermädchen Zeno einlädt, das «ohne nutzloses Wiegen in den Hüften» geht, folgt er ihr in den «Ksar».

Ein «Ksar», so erzählt Friedrich Glauser in seinem Debütroman «Gourrama» (1940 erstmals als Buch erschienen), ist ein Wohnblock, «der sich wie eine böse Märchenburg gegen den Himmel abhob». Der Zutritt ist für Legionäre streng verboten, aber Hand in Hand mit Zeno wagt sich Lös in ein Zimmer. Dort waren Hühner und ein abgemagerter Alter, sein langer, grauer Haarschopf «lud Allahs Hand ein, den daranhängenden Körper mitzuziehen, hinauf in eine reichere Welt». Eine Pfeife mit Kif macht die Runde, Zeno serviert süßen «Minztee» und richtet «Kuskus» an, während der Alte betet: «Es klang, wie wenn der Wind mit verkohltem Papier spielt». Glauser beschreibt, wie das trichterförmige Tongefäß mit dem Couscous auf den Topf mit kochendem Wasser gesetzt und dann mit der Gemüsebrühe, die ein Couscous erst ausmacht, übergossen wird. Der Alte und das Mädchen kneten daraus kleine Kugeln, stecken sie dem Gast in den Mund: «Lös aß, denn er hatte Hunger. Und je vertrauter ihm der Geschmack dieser Speise wurde, desto stärker wuchs in ihm die Sehnsucht nach dem Körper des Mädchens, das neben ihm saß und sich an ihn lehnte.» Das Couscous wird zur Liebesbrücke.

Essen und Alkohol sind die Währung unter Wüsten-Legionären. Lös verwickelt sich in Deals, in denen es nie um Couscous, sondern um Wein, Kartoffeln, Gerste, Schafe und Kühe geht, und schenkt das veruntreute Geld dem Mädchen. Das Desaster lässt nicht länger als im Leben des Autors selbst auf sich warten. Glauser war vor Problemen in der Schweiz in die Fremdenlegion geflohen, erlebte dort von 1921 bis 1923 die Garnisons-Tristesse, versuchte von Brüssel aus nach Belgisch Kongo zu gehen, scheiterte aber erneut: «Ich wäre gerne wieder in die Kolonien zurückgegangen, denn ich fühlte, dass ich für das europäische Leben nicht mehr [...] tauglich sei.». Notiert im Mai 1925 in der Psychiatrischen Klinik Münsterlingen – dann aber, 1934 in der Waldau: «Es ist mir, auch wenn es mir ganz schlecht gegangen ist, immer gewesen, als hätte ich etwas zu sagen, etwas, was außer mir keiner imstande wäre auf diese Art zu sagen.»

Das Allerschwerste dünkt mich,
einen ganz fremden Standpunkt
gelten zu lassen.

Friedrich Glauser

Glausers Taboulé

für 4 Personen, 30 Minuten

Er ist schon so lange nicht mehr unter uns, dass
sich sein «Kuskus» in ein Taboulé verwandelt
hat. Es bildet die geopolitischen Kräfteverhält-
nisse des Romans ab: Couscous und Minze stehen für die lokalen Berber und levantinische
Aromen für die Besatzungsmacht Frankreich,
der großzügige Gemüseanteil aber steht für den
Schweizer Garten-Aficionado Glauser. Das (pe-
tersilienreiche!) Taboulé kennt man aus Syrien
und dem Libanon, aber mit erhöhtem Cous-
cous- und Gemüse-Anteil ehrt es den großen
Schriftsteller.

Marokkanischer Wüsten-Anteil
1 Tasse Couscous-Gries in eine flache Schale
schütten, 1½ Tassen kochendes Wasser darüber
gießen und quellen lassen, nach Wunsch ein
Brieflein Safran einrühren.
Marokkanische Minze hacken und daruntermi-
schen.

Französischer Besatzungs-Anteil

Schwarze Oliven, glattblättrige Petersilie, fein gehackt, und Kapern vermischen und zum Wüstenanteil geben.

Der Saft einer Zitrone bleibt für die Sauce reserviert, die andere in Scheiben für die Dekoration.

Schweizer Garten-Anteil

3 Tomaten würfeln, eine Salatgurke schälen, entkernen und würfelzuckergroß schneiden. 1 geschältes Rüebli in Würfelchen schneiden, 1 Bund Frühlingszwiebeln grob hacken – alle drei Anteile sanft vermischen und auf einem großen Teller anrichten.

Sauce der Versöhnung

Sambal Oelek oder Harissa mit Salz, Pfeffer, Zitronensaft und Olivenöl vermischen und über das schön angerichtete Taboulé verteilen – 20 Minuten ziehen lassen und servieren. *Bon appétit!*

PROFITEROLES IN ROM

Süßes für die Vielfliegerin Bachmann

Ingeborg Bachmann ist mehr als ein nach ihr benannter Literaturpreis. Sie ist mehr als eine Ex von Max Frisch, und sie ist sowieso mehr als die «gefallene Lyrikerin» (lies: «gefallenes Mädchen»), als die Marcel Reich-Ranicki sie bezeichnete, als man auf die fast einzige Frau in einer Männerwelt ungestraft zielen konnte. Ingeborg Bachmann war unbestritten eine der größten deutschsprachigen Schriftstellerinnen.

Bachmann starb in Rom, aber ihr Grab liegt in Klagenfurt, wo Friedhof und Flugplatz so nah beieinander sind, dass es «günstig für die Beerdigung der Piloten» gewesen wäre. Doch «die Piloten taten niemand den Gefallen abzu-stürzen», schreibt sie 1959 im autobiografischen Essay «Jugend in einer österreichischen Stadt». Ganz um die Luftfahrt dreht sich das großartige «Die blinden Passagiere» von 1955. Bachmann kennt sich aus: sie ist die erste Vielfliegerin der deutschsprachigen Literatur. Sie beschreibt die Anspannung im Terminal, den Gang übers Rollfeld, dann, nach dem Start der Motoren, die «Wildheit», die das Flugzeug fast zum Bersten bringt, bis es sich schließlich im Himmel «überwindet» und in die Luft einkehrt: «Die Zeit wird über den Räumen zusammengezogen.» Die Passagiere dösen, aber Bachmann entgeht nicht, was in der Kabine vorgeht: «Der Co-Pilot kam von vorn und wandte sich flüsternd an die Stewardess». Ihr fällt die Zigarettenschachtel aus der Hand, ihm rutscht das Medaillon mit der Madonna von Loreto aus dem Ausschnitt: «Sie weiß, wie ihnen zumute ist. Haben doch die Engel ihr Haus aus Nazareth in die Luft entführt.» Und später, so die Legende, flogen die Engel das Haus der Madonna nach Loretto und andere Orte. Auch an die zauberhafte Ostbucht des Wörthersees: das Schloss Maria Loretto ist heute im Besitz der Stadt Klagenfurt.

Unser Rezept verbindet Klagenfurt mit Rom: Nah am Wörthersee steht eine Miniaturnachbildung des Atomiums. Das echte, ein Symbol für die zivile Nutzung der Kernenergie, wurde 1958 für die Brüsseler Expo gebaut – neun miteinander verstrebte Atomkugeln, die das Eisenmolekül nachbilden, über hundert Meter hoch und begehbar. Unser Atomium ist noch kleiner als dasjenige in Klagenfurt: Es passt auf einen Teller, ist süß und ein ungewöhnlich komplexes Dessert, das flinke Handarbeit verlangt. Wehe, wenn das Mehl nicht mit Schwung in die Butterbrühe fliegt. Wehe, wenn die Eier zu früh im Teigkloß landen. Und wehe, wenn der Ofen während des Backens geöffnet wird, scheint Ingeborg Bachmann zu flüstern. Profiteroles sind Poesie pur und werden nicht ganz angstfrei hergestellt. Man kann an ihnen scheitern.

Als ich zum ersten Mal fliegen sollte, ließ ich alle meine Freunde zu Hause, obwohl ich ihnen gern gewunken hätte. Es war an einem morgendlichen Tag, an dem man Augen für alles hat.

Ingeborg Bachmann

Ingeborgs Profiteroles

für 4 Personen, 45 Minuten

Wenn ein Dessert einem Gedicht von Ingeborg Bachmann nahekommt, dann sind es Profiteroles – gefüllte Brandteigkugeln. Wir machen sie mit flüssiger Schokolade, von leichter Hand kreuz und quer gegossen, Kalligraphie für den Gaumen.

Der Feststoffanteil
1 dl Wasser und 1 dl Milch in einem Topf zum Kochen bringen und 50 g Butter einrühren, dann vom Feuer ziehen, eine Prise Salz und 2 Esslöffel Zucker hinzugeben und unter schnellem Rühren 120 g Mehl hineinschütten.
Den Topf wieder auf die heiße Herdplatte stellen und die Masse so lange weiterrühren, bis sie eine Kugel geworden ist. Leicht abkühlen lassen, dann 2 verquirlte Eier nach und nach dazugeben und zu einer homogenen Masse verrühren.

Auf ein mit Backpapier belegtes Blech walnußgroße Teighäufchen setzen und ca. 30 Minuten bei 180 °C backen. Die Ofentür einen Spalt öffnen (Kochlöffel dazwischenklemmen) und die Profiteroles an der Resthitze 30 Minuten trocknen lassen. Bei Luftzug fallen die Windbeutel zusammen!

Der Flüssigkeitsanteil
Wir füllen die Kugeln mit einer Vanillecreme, unter die wir 2 dl steifen Rahm ziehen. Kugeln anschneiden, aufklappen und mit einem Kaffeelöffel füllen, dann zum Atomium zusammensetzen:
150 g Schokolade (halb Crémant, halb Frigor noir) mit einem Schluck Kaffee im Wasserbad schmelzen und etwa die Hälfte mit einem Löffel über die ersten vier oder fünf Kugeln gießen, die das Fundament bilden.
Darauf ein erstes und zweites Stockwerk aus Kugeln bauen und den Restguss darüber.

Das Profiteroles-Atomium ruht vor dem Servieren gerne an einem kühlen Ort.

ZOFF IN ZÜRICH

Gottfried Keller über das Schmollen

In Zürichs engen Gassen begegnet man Gottfried Keller auf Schritt und Tritt. Vieles von ihm ist noch unverändert da, auch wenn er persönlich das wohl bestreiten würde. In Kellers Werk sorgt das Kleinräumige für Nöte. Wie sich der eine am andern reibt, führen «Die Leute von Seldwyla» mit bisweilen tödlichem Ernst vor Augen. Dass es dabei auch Einsicht, ja sogar eine Art Heilung geben kann, zeigt Pankraz, der einmal ein «Schmoller» gewesen war.

Die 1856 veröffentlichte erste «Seldwyla»-Novelle bildet eine Familienkonstellation ab, die Keller nur zu gut kannte: Eine Witwe mit Sohn und Tochter. Mittags gab es Püree von Kartoffeln aus dem eigenen kleinen Acker: «Diesen Kartoffelbrei aßen sie alle zusammen aus der Schüssel mit ihren Blechlöffeln, indem jeder vor sich eine Vertiefung in das feste Kartoffelgebirge hineingrub.» Die darüber gegossene Butter oder Milch wurde zum Zankapfel: Während der Bruder, Pankraz, scharfe Grenzen um seinen Anteil zog, grub die «harmlose» Schwester «künstliche Stollen und Abzugsgräben» in das Kartoffelgebirge, um die «wohlschmeckenden Bächlein» des Bruders anzuzapfen. Pankraz baute Dämme aus Kartoffelbrei, aber noch mehr als die Butter staute sich die Wut auf die Welt in ihm. Eines Tages hielt er es nicht mehr aus, ging in die Fremde und machte wie viele Schweizer Karriere als Söldner. Jahre später kehrte er als neuer Mensch heim (das Schmollen hatte ihm die wundersame Begegnung mit einem Löwen ausgetrieben, dessen Fell Pankraz fortan stets bei sich trug). Der Heimkehrer verköstigte Mutter und Schwester mit Delikatessen, die dem neu errungenen Stand gemäß waren, aber als er die Geschichte seiner Läuterung erzählte, schliefen die beiden vom ungewohnt reichhaltigen Essen ermattet ein. Nur der Leser hört seinen Weg.

Zeithistorisch ist der Zank am Mittagstisch in die mit der industriellen Revolution fast schlagartig einsetzende Hochkonjunktur des Kartoffelanbaus eingebunden. Kartoffelesser waren die ärmeren 70 Prozent der Gesellschaft. Als Keller seine Novelle schrieb, wütete infolge der Kartoffelkrankheit die große Hungersnot, die nicht nur in Irland zahllosen Menschen das Leben kostete. Kellers hartumkämpfter Kartoffelstockberg ist ein unübertreffliches Symbol für den aufkommenden Verteilkampf um das gesellschaftliche Fortkommen.

In der Schweiz ist beim Servieren des Kartoffelbreis noch heute eine Frage unumgänglich: «Mit oder ohne Seeli?» Wer «mit» antwortet, bekommt mit dem Schöpflöffel eine Delle in den Kartoffelstock, in die dann heiße Butter oder Bratensauce gegossen wird. Ist dieses heimliche Nationalgericht nicht auch ein schönes Abbild des Landes – gebirgig, etwas verstockt und ohne Seen und Flüsse einfach nicht dasselbe?

Ein Herz allein gilt
heute nichts mehr.

Gottfried Keller

Kellers Kartoffelstock

für 4 Personen, 30 Minuten

Kartoffelstock, wie Kartoffelpüree in der Schweiz heißt, weckt Kindheitserinnerungen. Es ist ein Urbrei, der zu Tellergebirgen geformt und durchlöchert werden konnte, bis er kalt war. Unser Rezept besteht aus dem radikalen Kartoffelanteil und dem Goldanteil der Kindheit. Der kleine Junge im «Grünen Heinrich», in dem wir auch ein wenig Keller vermuten dürfen, schaute Gott im gleißenden Gold des Kirchturmhahns auf dem Nadeltürmchen der Predigerkirche, der erwachsene Keller räumte dann in seinen Heidelberger Jahren mit Gott auf.

Der radikale Anteil: Kartoffelstock
1 kg mehlig kochende Kartoffeln (z.B. Bintje) ungeschält und ohne Salz weichkochen. Wasser abschütten und Restfeuchtigkeit verdampfen lassen, noch heiß schälen und durch ein Passevite treiben.

2 dl Milch auf 80 Grad erhitzen und dazugießen. 250 g Butter mit einem 1 gestrichenen Teelöffel Salz unterrühren.
Vor dem Servieren mit einem Schwingbesen von Hand luftig aufschlagen und abschmecken.

Der Goldanteil: Pochiertes Ei
Pro Person ein großes Bio-Ei in eine Espressotasse schlagen, in leicht köchelndes Wasser (mit einem Schuss Essig) gleiten lassen und das Eiweiß zum Eigelb hin treiben, nach 4 Minuten mit einem Teesieb aus dem Wasser heben.

Wie serviert man den Kartoffelberg mit Goldstück, ohne aufs Seeli zu verzichten? Unser Serviervorschlag: Kartoffelstock auf den Teller setzen, das pochierte Ei in einer Kuhle versenken und heiße Butter mit Trüffel – und/oder Parmesanspänen darüber – für das Auge glatte Petersilie dazu drapieren.

HILDEGARD VON BINGEN KOCHT

Von reinen Rheinfischen und der nahen Nahe

Hildegard von Bingen ist heute die bekannteste Autorin der deutschsprachigen Vormoderne, aber sie schrieb nicht selbst, sondern diktierte. Ihr treuer Sekretär schrieb alles auf Lateinisch nieder. Nur ihre Geheimsprache und ihre Geheimschrift schrieb die Äbtissin selbst, wie sonst wäre der Code geheimgeblieben? Bis heute ist er nicht ganz geknackt.

Hildegard war in ihrer Zeit für anderes bekannt als heute. Während sie auf dem aktuellen Buch- und Medienmarkt als Kochbuchautorin, Ratgeberin für körperliche und seelische Wellness und Komponistin präsent ist, genoss ihre Stimme im Hochmittelalter große Autorität in allen Belangen des öffentlichen und privaten Lebens. Sie erreichte aus ihrem Kloster am Rhein Menschen in ganz Europa. In Gottes Namen diktierte Hildegard auch Schandbriefe an Päpste, die die Kirche «zur Hure» machten, und wurde so zum Hecht im Teich der fetten

Kirchenkarpfen. Und auch als Naturforscherin betätigte sie sich erfolgreich – und das nicht nur als Selbstzweck: Die Natur sei ein Spiegel für den Menschen, die «kleine Welt», schrieb die Äbtissin – durchaus typisch für die Naturphilosophie ihrer Zeit. Die Fische (wie ihre Zeitgenossen zählte sie auch Wal und Delfin dazu) charakterisierte sie im fünften Buch ihrer «Physica» – etliche konnte sie an Nahe und Rhein ausgiebig studieren.

Hildegards Fischkunde ordnet die Spezies anhand der Ernährungsweise – und leitet daraus auch ab, welche von ihnen sich als Speisefisch eignen. Lebt der Fisch an der Oberfläche und schnappt nach Mücken, die über dem Wasser tanzen? Oder sucht er seine Nahrung auf dem Grund, den er durchfurcht «wie Schweine die Erde», vergräbt sich gar im schlammigen Dunkel? Dass ein Raubfisch wie der Hecht ganze Fischteiche plündere, mache ihn noch lange nicht «unrein», ganz im Gegenteil: «Der Hecht hält sich gerne in der Reinheit und in der Mitte der Gewässer auf. Er verlangt reine Nahrung und hat hartes und gesundes Fleisch. Sowohl kranken als auch gesunden Menschen ist er gut zum Essen. Der Hecht hat nämlich mittlere gemischte Wärme, und daher ist sein Fleisch gesund.» Schleie und Aal dagegen kamen nicht auf den Speisezettel von Hildegards Nonnen. Sie leben im Schlamm, und wer im Dreck lebt, ist auch selbst dreckig und damit ungenießbar.

Hätte es der Hecht verdient, wieder zu höheren gastronomischen Ehren zu gelangen – wie bei Hildegard und auch in den 1970er Jahren? Probieren wir es aus! Dafür drängen sich – grätenfreie – Hechtklößchen auf. Wir kochen sie mit Andacht und huldigen ihrer Patronin Hildegard, indem wir das Rezept auch mit Euch teilen.

Ich nehme die Blüten der Rosen
und Lilien und die ganze
Grünheit zärtlich an mein Herz,
indem ich allen Gotteswerken
ein Lob singe.

Hildegard von Bingen

Hildegards Hecht-klößchen

für 4 Personen, 60 Minuten

Der «Maulhelden» schönster Hecht war ein Geschenk. Er fiel uns in Irland zu, als wir auf dem Shannon am Kloster Clonmacnoise vorbei schipperten. Ein Bub hatte ihn gefangen, wusste aber nichts mit ihm anzufangen. Christof frittierte ihn zu Ehren der irischen Mönche, die das europäische Festland missioniert hatten, im Bierteig (mit Dinkelmehl und Dinkelbier). Wenn wir aber auf dem Festland kochen, ist uns für Hildegard von Bingen nur das Beste gut genug: «Quenelles de brochet» – Hechtklößchen.

Der Fischanteil
400 g frischer Hecht in Würfel schneiden (alternativ Kabeljau, Zander, Loup, Flunder), mit 2 Eiweiß, 2 EL Mascarpone oder Rahm, Zitronenzeste, einem Teelöffel Selleriesalz und Pfeffer mit einem leistungsstarken Cutter zu einer glatten Paste verarbeiten und kühl stellen.

Den Backofen auf 200 Grad vorheizen.

In eine Gratinform setzt man eigroße Klöße, mit 2 Löffeln aus der Fischmasse gestochen, und umgießt sie mit kochendem Wasser. Deckel drauf und 7 Minuten ziehen lassen, dann das Wasser abgießen.

Der Heilkräuteranteil

In der Zwischenzeit macht man die Sauce. Eine fein gehackte Schalotte andünsten, mit Noilly Prat (1 dl) oder trockenem Weißwein und 1 dl Wasser ablöschen und mit Pfeffer, ½ Gemüsebouillonwürfel und einem TL Maizena abbinden. 1 EL Pantelleria-Kapern dazu.

Weil wir mit Hildegard von Bingen auf Petersilie schwören, muss ein halber Bund glatte (um Gottes Willen keine gekrauste) entstielt und fein gehackt hinein. Die 2 Eigelb werden unter die lauwarme Sauce gezogen, diese über die Klöße gegossen. Bei starker Oberhitze 7 bis 10 Minuten goldgelb backen und mit einem Gebet für die Seen, Flüsse und Weltmeere servieren.

VON UMGLÄNZTHEIT BLITZEN

Wursten mit Robert Walser

Es war 1916, vielleicht auch 1917, jedenfalls tobte der Krieg draußen in Europa. Männer lagen in Schützengräben, hatten Hunger und das Krachen von Kanonen in den Ohren, ließen sich im Dienst an ihren Vaterländern zermalmen. Männer im Fleischwolf des Ersten Weltkriegs. Robert Walser, der nicht zu ihnen gehörte, setzte die folgenden Sätze auf das Papier:

«An was denke ich? An eine Wurst. Es ist schrecklich. Jünglinge, Männer, die ihr dem Staate dient, auf die der Staat seine Hoffnung setzt, betrachtet mich sorgsam und nehmt an mir ein abschreckendes Exempel, denn ich bin tief gesunken. Ich vermag mich vom Gedanken nicht loszureißen, daß ich soeben noch eine Wurst besaß, die nun für immer dahin ist.» Was war geschehen?

Eigentlich nichts Besonderes: Ein Mann hatte eine Wurst gegessen, und dies, wie es sich gehört, mit großem Genuss: «Wunderbar geräuchert war sie, und mit entzückenden Speck-mocken war sie gespickt, und eine durchaus stattliche, annehmbare Länge hatte sie, und einen Duft hatte sie, so milde, so bestrickend, und eine Farbe hatte sie, so rot, so zart, und ge-kracht hatte sie, als ich sie zerbiss, ich höre noch jetzt beständig, wie sie krachte, und saftig war sie, etwas Saftigeres habe ich in meinem ganzen Leben nie gegessen (...)».

Der Erzähler im Prosastück «Die Wurst» ist kein gewöhnlicher Wurstesser. Er hat einen ganz einzigartigen Sinn für Schönheit – und auch für die Flüchtigkeit allen Seins: Kaum war nämlich die fragliche Wurst verputzt, packte ihn der Schmerz über ihren Verlust und er setzte an zu seiner Elegie über die Vergänglichkeit. Die Wurst wird in nur leicht variierten Sätzen um-kreist, als wäre sie ein Lebewesen, das noch ganz da wäre, wenn er es nur in seiner Vollkommen-heit belassen hätte – die Wurst als Zipfelchen der Ewigkeit.

Und doch: Die Einsprengsel der Gewalt sind kein Zufall. «Ich könnte es jetzt noch krachen hören, wenn ich es nicht schon krachen gemacht hätte» oder auch «was grausam zerbissen und zerstückt wäre, könnte ganz sein»: Der Welt-

Ich experimentiere auf sprachlichem Gebiet in der Hoffnung, in der Sprache sei irgendwelche unbekannte Lebendigkeit vorhanden, die es eine Freude sei zu wecken.

Robert Walser

krieg ging auch an Robert Walser nicht spurlos vorüber. Viele Jahre später, zwischen 1928 und 1933, beschrieb Walser noch einmal den Zauber der Wurst, kurioserweise im Prosastück «Auflauf»: «Flott und ungezwungen», schreibt Walser, sollen Würste beim Zerteilen knacken – «doch es gibt Würste, die zu verzichten scheinen, Festigkeit zu besitzen. Eine Wurst soll von Umglänztheit blitzen; die Haut muss das Fleisch stramm umsitzen.»

In diesem Sinne: Ärmel hoch, Freunde, es geht ans Wursten!

Übrigens hat sich Robert Walser auch zum Handwerk geäußert – und zwar zum Handwerk des Schreibens, des Drechselns, Hobelns und damit auch des Wurstens. Gerade das Prosastück über die Wurst beweist ja, dass Walser seine Inspirationen in seiner alltäglichen Umgebung gesucht und gefunden hat. Walser verstand sich als Handwerker: Bevor er sich ans Schreiben mache, schrieb er, ziehe er ein Berufskleid an, keine Metzgerschürze, sondern «eine Art Schriftstellerjacke», einen «Prosastückkittel». Was dann geschieht, beschrieb er in einem unveröffentlichten Text aus den Jahren 1928 oder 1929: «Ich weiß, daß ich eine Art handwerklicher Romancier bin. Ein Novellist bin ich ganz gewiß nicht. Bin ich gut aufgelegt, das heißt bei guter Laune, so schneidere, schustere, schmiede, hoble, klopfe, hämmere oder nagle ich Zeilen zusammen, deren Inhalt man sogleich versteht. Man kann mich, falls man Lust hierzu hat, einen schriftstellernden Drechsler nennen. Indem ich schreibe, tapeziere ich. Daß mich freundliche Menschen für einen Dichter meinen halten zu dürfen, laß ich mir aus Nachgiebigkeit und Höflichkeit gefallen.»

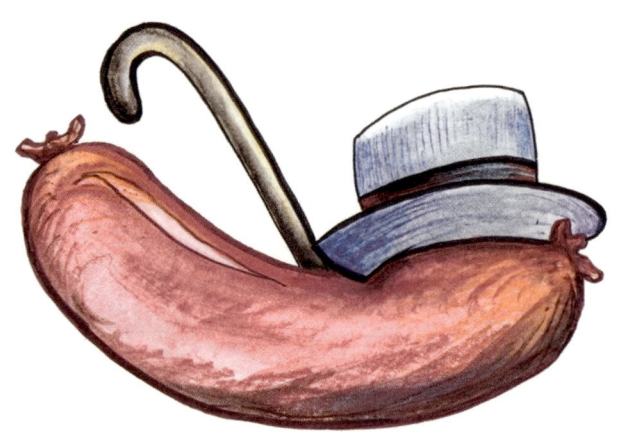

Mitten im ununterbrochenen
Vorwärts hatte ich
Lust stillzustehen.

Robert Walser

Wursten mit Walser

für 20 Personen, 90 Minuten

Man braucht ein Wurstfüllgerät (beim Schweizerischen Ausbildungszentrum für Fleischfachberufe ausleihen) oder einen Dressiersack mit Stoßrohr (in Spezialgeschäften kaufen), die Füllung und die Haut (gibt es beim Metzger passend zum Stoßrohr, i.d.R. Schweinsdünndarm mit 30/32 mm Durchmesser). Der Spaß ist grösser, wenn man die Füllung, hier für Bratwürste, selbst herstellt.

Der Fleisch-Anteil
Wir bestellen beim Metzger 4 kg Brät, und zwar 3 kg mageres Schweinefleisch (5- oder 8-mm-Kaliber) und 1 kg Halsspeck (5- oder 8-mm-Kaliber); im Sinne von Robert Walser konzentrieren wir uns auf das Beseelen der Würste, also das Aromatisieren der Brätmasse. (Wer will, kann Fleisch- und Speckstücke ganz kaufen und durch den Fleischwolf drehen.)

Der Gewürz-Anteil

Als Grundwürze empfehlen wir pro Kilo Brät 17g Kochsalz, 10g Weißwein, 2g Pfeffer, 1g Muskatnuss, 1g Macis, 0.5g Majoran. Salz und Majoran machen das Bratwurstige aus, alles andere darf variiert werden. Der Fantasie sind keine Grenzen gesetzt: Wir haben eine Brexit-Wurst gemacht (Schwarztee, Toastbrot, Whisky) und eine für den griechischen Ex-Finanzminister Varoufakis (Knoblauch, Fenchelsamen, Ouzo).

Wird die Wurst rasch gebraten, empfehlen wir, gedämpfte Zwiebeln beizumischen. Darf die Wurst aber an einem kühlen, trockenen Ort reifen, ersetzt man Koch- durch Pökelsalz. Auf diese Weise erlebt die Füllung die zarte Errötung, die Walser so berührt hat und die die Wurst zu einem Wesen sui generis macht.

EIN DREIFACHES K
FÜR HANNAH ARENDT

Eine Philosophin am Krater der Geschichte

Seit 1963 wird Hannah Arendt auf ihre Aussage, «das Böse» sei «banal», reduziert. Heute schlägt ihr manchmal noch die alte Feindseligkeit entgegen wie damals, als sie ihre Reportagen-Serie über den Eichmann-Prozess in Jerusalem in der Zeitschrift «The New Yorker» veröffentlichte. Bald danach wurde daraus das Buch mit ebenjenem berühmt-berüchtigten Untertitel «A Report about the Banality of Evil». Diese Reduktion ist aus vielen Gründen leichtfertig, auch aus dem banalen, dass sich Arendt etwas dachte, wenn sie so ein Wort verwendete. Sie war 1941 schon als umfassend gebildete Denkerin nach New York gekommen und seither weit weniger auf der faulen Haut gelegen, als sie es sich gewünscht hatte.

In Deutschland hatte Arendt Philosophie, evangelische Theologie und Altgriechisch studiert und eine Passion für Literatur entwickelt, die nie erlosch. Dort schrieb sie ihre Dissertation über den Liebesbegriff bei Augustinus und begann ihre Habilitationsschrift über die deutsch-jüdische Schriftstellerin und Salonière Rahel Varnhagen. 1933 verließ sie Deutschland und beendete diese Biografie über eine gescheiterte Assimilation eben im Pariser Exil. «Aus dem Judentum kommt man nicht heraus» lautet einer der Kapiteltitel. Wie aber kann man dann leben, wenn man nur Mensch sein darf, wenn man nicht mehr Jude ist? Drängende Fragen. Aber «The Life of a Jewess» konnte erst 1958 erscheinen, das deutsche Original sogar erst 1959. Nach langem Hin und Her fiel der Titel «Lebensgeschichte einer deutschen Jüdin aus der Romantik» gewundener aus als Arendts ursprünglicher Vorschlag: «Die Melodie eines beleidigten Herzens, nachgepfiffen mit Variationen von Hannah Arendt».

Was war geschehen zwischen 1929, als Arendt ihr Varnhagen-Buch in Berlin begann, und 1963, als ihr Eichmann-Buch vor die amerikanischen Leser kam? Ein «Geschichtsbruch», der sich auch mitten durch ihr Leben zog. Leider hat weder *diese* Geschichte noch die der Rezeption von Arendts Eichmann-Buch in einer Kolumne Platz, aber die Frage brachte Arendt dazu, so vehement wie nur wenige zu sagen: «Ich will verstehen.» Im Widerspruch zur Welt stand sie bis zuletzt.

Arendt macht es einem auch in der Küche nicht leicht. Welches Gericht passt zu ihr? Wir haben uns in ein Dilemma hineindebattiert, aus dem uns nur eine dada-poetische Faustregel befreien konnte: «Wessen Menüvorschlag mehr Konsonanten im Anlaut hat, gewinnt.» Eine von uns plädierte für *Kastanien in Caramelsauce,* sogar *Karamellsoße*, um einen Punkt mehr zu haben, aber der andere wollte *Königsberger Klopse in Kapernsauce* – und gewann auch ohne alliterative Extrapunkte mit 3:2.

Was wir sind und scheinen,
  Ach wen geht es an.

Hannah Arendt

Königsberger Klopse
in Kapernsauce

für 4 Personen, 60 Minuten

Mit Hannah Arendt in der Küche zu stehen, kann
so turbulent wie ihr Leben sein. Sie verstand sich
als Jüdin, aber nicht in der Art, wie sie nach dem
Eichmann-Buch dargestellt wurde. Sie war Ame-
rikanerin, liebte Frankreich, blieb aber auch durch
und durch Ostpreußin. Aus Königsberg nahm
Immanuel Kants kategorischer Imperativ seinen
Weg durch die Welt, aber auch ein einzigartiges
Gericht. Königsberger Klopse sind garantiert
nicht koscher, weil sie Fleisch und Milchprodukte
verbinden, und haben in deutschen Universitäten
das 20. Jahrhundert nur dem Namen nach über-
lebt. In deren Mensen werden meist gräuliche, in
einer weißen Mehltunke stundenlang regenerier-
te Klöße höchst unklarer Herkunft serviert, die
natürlich nichts mit dem wahren Königberger
Klops gemein haben. Seine Herkunft ist die Ost-
see, deshalb vereint er auch die wichtigen Ingre-
dienzen der französisch inspirierten Großbürg-

erküche des 19. Jahrhunderts in sich: Sardellen, Kapern, Zitronenzeste und Vermouth.

Die Klopse

1 l hochwertige Fleischbouillon mit 1 dl Noilly Prat oder trockenem Weißwein und einer mit zwei Nelken und einem Lorbeerblatt besteckten Zwiebel aufsetzen.
500 g Kalbsschulter oder Hühnchen, frisch durch den Wolf gedreht, mit einem in Milch eingeweichten, zerzupften Brötchen vermischen, 10 grob zerhackte Sardellenfilets, 1 Eigelb, Salz, schwarzer Pfeffer, 1 TL fein geriebene Zitronenschale, 1 halber Bund glatte, sehr fein gehackte Petersilie dazugeben und alles gut durchkneten. Mit den Händen pingpongballgroße Klopse formen und 7 Minuten in der Brühe ziehen lassen.

Die Sauce

2 dl Saucenrahm mit 2 dl Fleischbrühe auf die Hälfte einkochen, 20 g gut gewässerte Salzkapern beigeben und vorsichtig mit Salz und Pfeffer abschmecken.

Königsberger Klopse verdienen eine dezente Begleitung. Wie wäre es mit Trockenreis?

Erde dichtet Feld an Feld
Flicht die Bäume ein daneben
läßt uns unsere Wege weben
um die Äcker in die Welt.

Hannah Arendt

Kastanien in Caramelsauce

für 4 Personen, 40 Minuten

Wir machen für Hannah Arendt eine Ausnahme und geben auch das zweite Rezept preis. Hannah Arendt griff immer wieder in die Glut unter der Asche, mit eigenen, auch eigenwilligen Überlegungen, Wahrnehmungen und Ausdrucksweisen, und sie tat es, ohne sich selbst oder andere zu schonen. Hannah Arendt verbrachte viele Sommer im Tessin, war aber leider nie dort, wenn die Edelkastanien von den Zweigen auf den Waldboden prallen und aus ihren stachligen Hüllen springen. Im Oktober, wenn Arendt Geburtstag hat, war sie an der Uni in Chicago und später in New York.

Die Kastanien in der süß-salzigen Caramelsauce sind an köstlichen Kalorien kaum zu überbieten. Sie passen zur Nachkriegszeit, wo in Deutschland wohl nur die allliierten Besatzungstruppen mit legalen Mitteln satt wurden. Das Rezept passt auch zu Arendt und zu ihrer

Generation von deutschen Frauen. Auch meine Mutter Anny gehörte dazu, von ihr stammt das Rezept.

Als Hannah Arendt nach dem Zweiten Weltkrieg in New York blieb, skeptisch nach Europa blickte und erst 1950 für eine ernüchternde Deutschlandreise zurückkam, kochte die kaum zwanzigjährige Anny, noch kinderlos, in der Villa eines französischen Besatzungsoffiziers am deutschen Bodenseeufer. Für die Familie aus Paris kochte Anny neben Kastanien, die sie aus ihrer Pfälzer Heimat kannte, auch andere Köstlichkeiten und lockte damit ihren späteren Mann an. Gemeinsam emigrierten sie in die Schweiz und sammelten bis ins hohe Alter jeden Herbst im Tessin Kastanien.

Die Kastanien

Für Anny waren später nur tiefgefrorene Kastanien gut genug, aber in den Nachkriegsjahren gab es sogar bei den Franzosen nur Dörrkastanien, die auch nach langem Wässern ihren Beigeschmack nie verloren. Die tiefgefrorenen Maroni auftauen und 8–10 Minuten in gut gesalzenem Wasser kochen (sie müssen bissfest bleiben), dann abgießen.

Die Caramelsauce

In einer kleinen Pfanne 4 EL Zucker karamel-
lisieren, also auf mittelgroßer Hitze schmelzen
lassen, dann mit 1 dl Wasser ablöschen und weiterrühren, bis sich das verklumpte Caramel im
Wasser aufgelöst hat.

In einer zweiten Pfanne eine Béchamelsauce
herstellen: 2 EL Butter schmelzen, 1 EL Mehl
oder Maizena dazu rühren und dann mit dem
Caramelsud ablöschen, 1 dl Rahm (Anny zog
Kaffeerahm vor), 1 TL Salz dazu, je nach Geschmack auch mehr, und so lange weiterrühren,
bis die Sauce in Carameltönung schön dickflüs-
sig ist. Dann kommen die Kastanien dazu. Sachte umrühren, bis sie aufgewärmt sind.

Anny servierte die Kastanien in Meersburg zu
Wild oder geschnetzeltem Rindfleisch, Rotkraut und Kartoffelstock. Wer kein Fleisch mag,
kommt mit Rotkraut, Kartoffelstock und Kastanien voll auf seine Kosten.

TEIGTASCHEN FÜR MAX FRISCH

Ein Autor sucht nach dem wahren Leben

Max Frisch schrieb den Roman «Stiller» an manchen Orten, vor allem aber in seinem Büro, in einem Haus an der Zürcher Stadtgrenze. Seine Kinder erinnern sich noch heute an das Klappern der Schreibmaschine, hoch oben aus dem Mansardenfenster. Das Bilderbüchlein ihrer Mutter hüten sie wie eine Reliquie eines einst intakten Familienlebens: Die Architektin Gertrud von Meyenburg zeichnete ihren Mann, Max, den Architekten, Max am Familientisch, Max mit Rotweinglas am Schreibtisch, Max im Bett – und natürlich zeichnete sie auch die Kinder. Frisch verließ seine Familie, den Beruf und seine bürgerliche Existenz, kurz bevor «Stiller» 1954 erschien und seinem Autor den ersten großen Erfolg als Schriftsteller sicherte.

Fand Frisch so das richtige Leben? Er rang jedenfalls zeitlebens mit dieser Frage. Frisch verfasste für seine Leser Fragebögen, er spielte mit seinem Theaterpublikum das «Leben-istein-Spiel»-Spiel, aber er hinterfragte auch stets den Gang seines eigenen Lebens. Das fing mit dem Danaer-Geschenk seines Jugendfreundes Werner Coninx an, der ihm zwar die schriftstellerische Begabung abgesprochen, ihm aber das Geld für ein vierjähriges Architekturstudium an der ETH geschenkt hatte. Frisch schrieb sich diese – je nach Blickwinkel – Freundschaftstat oder Zumutung erst in «Montauk» mit aller Präzision von der Seele. Übrigens hatte auch Bertolt Brecht in Frisch eher einen nicht unbegabten Architekten als einen Schriftsteller gesehen, wie sich Frisch nicht wirklich gern erinnerte. Hätte Brecht anders geurteilt, wenn Frisch ihm den Rohbau des von ihm entworfenen Letzibades in Zürich nie gezeigt hätte?

Sein Mannsein reflektierte Max Frisch nüchtern – und er machte Männer mit nüchternem Blick auf die Welt zu seinen Hauptfiguren, drei Jahre nach «Stiller» im Weltbestseller «Homo Faber» einen Ingenieur. Faber, ein Rationalist mit rechteckigem Gemüt und sehr wenig Intuition für die seismischen Kräfte der Seele, erhofft sich viel von einer sehr viel jüngeren Zufallsbekanntschaft. Sie soll sein Leben mit dem füllen, was sie zu verkörpern scheint. Was genau das war, war ihm selbst nicht so klar: irgendetwas Ungestümes und Ursprüngliches. Nur der Tod vermöchte wohl Fabers Leben aus der Bahn zu werfen – aber wer stirbt ist sie, Sabeth, die im Stil einer antiken Tragödie unter glutheißen Thymianbüschen ums Leben kommt.

Wie bringen wir diesen Frisch auf den Teller? Das Ringen mit der Form und der Kantigkeit des Lebens bei gleichzeitigem Hoffen auf die wahre Essenz lässt nur ein Gericht zu: Die gefüllten Teigtaschen à la Max – im Volksmund Ravioli – sind nichts anderes als Architektur auf dem Teller. Sie bilden ab, wie Faber sein Leben durch diese ziemlich schiefe Liebe erneuern will. Wilder Inhalt ist gebändigt im bürgerlichen Rechteck und schwimmt schließlich doch in einer schönen Brühe.

Alles Fertige, sagt man, alles
Fertige hört auf, Behausung
unseres Geistes zu sein.

Max Frisch

Ravioli für Max Frisch

für 4 Personen, 60 Minuten

Ravioli haben nach den legendären TV-Skandalen der 1970er Jahre rund um ihre industriellen Verwandten einen schönen neuen Platz bei uns gefunden.

In unseren Workshops geschieht oft etwas wildes Unvorhersehbares, wenn die Experimentierfreude der Köche durchbricht. Manche werden zu kühnen Ingenieuren neuer Raviolivarianten, indem sie sich auf die dünnsten Äste des kulinarisch Machbaren hinauswagen. Abenteuerliche Kombinationen entstanden, Jakobsmuschel mit Mango, Kartoffel mit Aktivkohle, Schabziger mit Mascarpone oder Wasabi mit Ricotta. Ravioli sind tolerant. Einerseits spielt die Pasta stets die erste Geige, andererseits gibt es bei Ravioli beim ersten Biss ein fast schon traditionelles Misstrauen. Für uns alle kann das eine schöne Carte Blanche beim Herstellen dieses Gerichts sein.

Die Hülle

Wer Zeit und Talent hat, bereitet den Pasta-
teig selbst zu, die anderen kaufen ihn in heute
durchaus ansprechender Qualität. Viel wesent-
licher ist der Inhalt, seine subtile Komposition,
je nach Stimmung oder auch Anlass kann die
Füllung auch thematisch sein, hier öffnet sich
ein großer Spielraum. Der Teig wird entweder
mit einem Mezzalune-Gerät oder einem Ravio-
librett speditiv eingefüllt.

Die Füllung

Wir schlagen hier drei Füllungen vor, die sich
als Klassiker unserer Gäste etabliert haben. Sie
sind geschmacklich reich, nicht wirklich provo-
kant und leicht herzustellen.

Salsiccia

Zwei bis drei italienische Salsiccia werden aus
den Hüllen gepresst und mit sehr viel gehack-
tem Prezzemolo, dem Abrieb einer halben Biozitrone, einer zerzupften und mit einer halben
Tasse Nero d'Avola eingeweichten Toastbrot-
scheibe gut vermischt.

Al limone
Die andere Hälfte der Biozitrone in 250 g Ricotta reiben, eine gute Prise Salz dazugeben und umrühren. Geschmacklich günstig ist das Abspielen von Paolo Contes «Gelato al limon» dazu.

Al pomodori rossi
Eine in feine Scheiben geschnittene Knoblauchzehe anrösten, mit einer Handvoll getrockneten, in Öl eingelegten Tomaten, 2 EL Ricotta, Pfeffer und Salz fein hacken und im Stabmixer pürieren.

Die Serviervorschläge
Die frischen Ravioli auf Backpapier zwischenlagern (nicht aufeinander legen!) und dann 5 Minuten in einer sanft köchelnden Gemüsebouillon mit einer Handvoll Gartenerbsen und einem Schuss Noilly Prat garen. In der Brühe mit frisch geriebenem Parmesan servieren. Man kann sie aber auch klassisch in leicht gesalzenem Wasser 5 Minuten ziehen lassen und mit Butter oder einer Sauce nach Wahl anrichten.

Jedes Bildnis ist eine Sünde.
Es ist genau das Gegenteil von
Liebe.

Max Frisch

DER KUCHEN UND
SEINE VERTEILUNG

Rosa Luxemburg lernt in Zürich

Rosa Luxemburg meldete sich am 18. Februar 1889 in Oberstraß an. Die Gemeinde war damals noch selbstständig, und so spazierte sie ins winterliche Zürich hinunter. In den Gassen hätte sie Gottfried Keller begegnen können, den ihr Doktorvater Julius Wolf persönlich, sie aber nur aus seinen Büchern kannte. Rosa war fast achtzehn und nahm, wenn sie Keller las, nicht gerade das frischeste Leben wahr: «Immer nur Erzählung über längst vergangene tote Dinge und Menschen, aber ich bin nie dabei, wenn etwas geschieht, ich sehe immer nur den Erzähler, der schöne Erinnerungen auskramt, wie es alte Leute gern tun.» Obwohl Rosa später wie Keller in Hottingen wohnte, sind sie sich höchstwahrscheinlich nie begegnet. Als die polnische Tochter eines jüdischen Kaufmanns zum Studieren nach Zürich kam, erst Botanik und Zoologie, dann Nationalökonomie, wartete der alte Dichter, nach dem Tod seiner Schwester und Haushälterin ganz allein, in seiner Wohnung auf sein Lebensende.

Für Rosa Luxemburg war das Leben Bewegung: bewegt sein war der Inbegriff ihres Denkens und Handelns. Sogar soziale Klasse existierte für sie nur als Bewegung. Wer am Kampf teilnahm, gehörte dazu, und niemand fragte nach Herkunft und Auskommen. Deshalb sah Luxemburg im Massenstreik die schlagkräftigste Waffe im politischen Kampf. Sie verließ Zürich bewusst, weil sie eben nicht auf Ruhe und Sicherheit setzte, wie später Hannah Arendt über sie schreiben sollte. 1898 ging sie nach Berlin, um dort für das, was sie «Endziel» nannte, zu kämpfen: die politische Gleichstellung aller. Damals war die SPD bereits eine Massenpartei und das Deutsche Reich – hinter den USA und Großbritannien – die drittgrößte Industriemacht der Welt. Spät, aber umso grimmiger meldete das Reich Weltmachtanspruch an. «Imperialismus» war jetzt auch ein deutsches Wort. In diesem Kampf blieb Rosa nichts erspart, sie gab dafür ihr Leben. Am 15. Januar 1919 wurde sie in Berlin ermordet.

Mehr als zwanzig Jahre nach ihrer Abreise aus Zürich beschrieb Rosa ihre Keller-Lektüre im Zentralgefängnis Wronke in Posen, wo sie eine von vielen Freiheitsstrafen absitzen musste, die als «Schutz»- oder «Ehren»-Haft für politisch Andersdenkende kaschiert wurden. Luxemburg wusste, dass es diese Strafform in der Schweiz nicht gab. Der Brief aus Wronke war für Hans Diefenbach bestimmt, den Rosa zärtlich «Hänschen» nannte, weil sie ihn liebte und er über zehn Jahre jünger als sie war. Der junge Arzt kam im Ersten Weltkrieg um, aber zuvor hatte er ihr fünfzigtausend Mark aus dem Vermögen seines Vaters vermacht, allerdings unter der Bedingung, dass nicht sie das Geld verwalte: «Meine ausgezeichnete Freundin», schreibt Hans im Testament, sei «in der Privatökonomie vielleicht keine ganz so geniale Meisterin wie in der National-Ökonomie».

Rosa Luxemburg verbrachte acht Jahre in der Schweiz und verließ das Land mit einem überaus seltenen Doktortitel in Frauenhand, aber auch mit Erinnerungen an Landschaften, besonders an Seen, an Menschen, an politische Strukturen und eben auch an Leseeindrücke, die sie, wie das Beispiel mit Keller zeigt, zeitlebens hütete und in Briefen an Vertraute auffrischte. Luxemburg und Keller hätten einander auf Augenhöhe begegnen können, beide klein von Wuchs und wortmächtig, träumerisch in der Natur. Beide zeichneten, malten und waren frühe Tier- und Pflanzenschützer, scharfzüngig und unerschrocken, im politischen Kampf in der Öffentlichkeit auch gegen den Wind zu gehen. Vielleicht hat Rosa diesen gemeinsamen Seelenkern auch gespürt, als sie Hans dann doch auch schreibt: «Trotzdem tut mir Keller immer wohl, weil er so ein Prachtkerl ist, und wen man lieb hat, mit dem sitzt man gern und plaudert über die nichtigsten Dinge und die kleinsten Erinnerungen.»

Die Blaumeise kam zum Fenster und
sang fleißig ihr drolliges «Zizi bä».
Mir zuckte das Herz zusammen, so viel
lag in diesem eiligen, fernen Ruf, eine
ganze kleine Vogelgeschichte:
«Ich habe keine Zeit – ach ja, es war
schön – Frühling ist bald zu Ende –
Zizi bä – Zizi bä – Zizi bä –!»

Rosa Luxemburg

Wer innerlich wirklich reich und frei ist, kann sich doch jederzeit natürlich geben und von seiner Leidenschaft mitreißen lassen, ohne sich untreu zu werden.

Rosa Luxemburg

Rosas Kuchen

für 4 Personen, 60 Minuten

Für Rosa schlagen wir einen salzigen Kuchen vor, der ihr zu Ehren einfach nur «Rosas Kuchen» heißt und dem man auch einen bitteren Beigeschmack geben kann. Dazu mehr weiter unten. Warum ein Kuchen? Erstens war die Verteilung des Kuchens von höchster sozialer Priorität für Rosa. Sie kämpfte als Zürcher Studentin ebenso darum wie als angeheiratete Preußin in Berlin. Zweitens hat ein Kuchen einen Unterbau und einen Überbau, genau wie, nach Marx, die Gesellschaft. Und drittens trägt unser Gericht Landschaften in sich, die Rosa in der Schweiz geliebt und aufgesucht hat, wann immer sie Geld und Zeit dafür fand: Der Lauch steht für das Waadtland, die Kartoffeln für das Zürcher Unterland, der Weißwein für den Genfersee, das Mutschli für Weggis, wo Rosa bestimmt Innerschweizer Bergkäse kennengelernt hat, und Birnen, Aprikosen und Feigen für die südlichen Flecken am Walensee, den Rosa ebenfalls liebte. Und schließlich muss eine gediegene, ziemlich grobe Wurst wie die Neuenburger Saucisson hinein, als Vorahnung von Berlin – das lange genug zu Preußen gehörte. Unser Kuchen ähnelt übrigens dem Pie, den Minenarbeiter in England, Belgien – wo Friedrich Glauser sich für kurze Zeit in einer Mine durchschlug – und wo auch immer Schwerarbeiter unten durchmussten, in halbdunkeln Stollen verzehrten.

Der Unterbau
300 g Mehl mit einem halben TL Salz mischen und mit 110 g kalter Butter von Hand zu einer gleichmäßig krümeligen Masse verreiben. Dann 1.5 dl Wasser dazugießen und rasch zu einem Teig zusammenfügen, nicht kneten. Teig flach drücken, zugedeckt ca. 30 Minuten kühl stellen, dann zwei Drittel des Teigs zwischen Folien ca. 3 mm dick auswallen und in die gefettete Form legen, so dass ein Rand von 5 cm überlappt. Boden mit einer Gabel einstechen. Für den Deckel den restlichen Teig auf gleiche Weise, aber kleiner auswallen. Wer es einfach will und Fertigteig vorzieht, kauft mit Vorteil eine Blätterteig-Kuchenschale. Wer es ganz dünn mag, nimmt Flammkuchenteig.

Der Überbau

Eine Zwiebel fein hacken und in 1 EL Butter dünsten, dann 400 g Lauch in feinen Streifen schön andämpfen. Wer Bitternoten mag, nimmt halb Lauch, halb Chicorée. 300 g Kartoffeln schälen, in 4 mm dicke Scheiben schneiden. Zu den Zwiebeln geben, mit 2 dl weißem Chasselas ablöschen und alles köcheln lassen. Neuenburger Saucisson schälen, in fingerdicke Scheiben schneiden und dazugeben, mit einem halben TL Salz, Pfeffer aus der Mühle und frischem Muskat würzen. 15 Minuten gedeckt, dann offen köcheln lassen, bis die Flüssigkeit verdampft ist. Die Hälfte der Füllung auf dem Teigboden verteilen, 300 g Greyerzer, in Stängel wie Pommes Frites geschnitten, darüber streuen. 1 Birne, in Scheibchen, eine Handvoll getrocknete Aprikosen und würfelzuckergroß geschnittene Feigen darüber streuen, dann die restliche Füllung darauf verteilen.

Teigrand des Deckels mit Ei bestreichen und auf den Unterbau auflegen, sachte mit einer Gabel einstechen und mit einem Eigelb bestreichen.

Im Ofen bei 180 Grad 40 Minuten backen und vor dem Servieren etwas auskühlen lassen.

O welche Überraschung man erlebt, wenn man nach der öden Strecke Bern-Lausanne und nach einem letzten furchtbar langen Tunnel plötzlich über der großen blauen Tafel des Sees schwebt! Jedesmal flattert mir das Herz auf wie ein Falter.

Rosa Luxemburg

DENKBILD MIT SURPRISE

Walter Benjamin auf den Straßen des Appetits

Walter Benjamin verdiente sein Leben mit Feuilletonbeiträgen für Zeitungen – wie Alfonsina Storni, Robert Walser und viele andere Dichter auch. Keiner von ihnen war besonders stolz auf diese Texte für das tägliche Brot. In den Zwanziger- und Dreißigerjahren schrieb Benjamin auch Sendungen für das neue Medium Radio. Akustische Stadttouren durch Berlin, seine Märkte und Puppentheater, Berichte über Mietskasernen und den Dialekt, den man dort hören konnte – das meiste war für die Kinderstunde. Für junge Hörer schrieb Benjamin auch zwei Hörspiele, wie Ingeborg Bachmann, die nach dem Zweiten Weltkrieg an der erfolgreichen Radio-Soap «Die Radiofamilie» für den Sender «Rot-Weiß-Rot» mitschrieb.

In einem seiner beiden Kinderhörspiele adaptierte Benjamin das Märchen «Das kalte Herz» von Wilhelm Hauff, im anderen baute er auf die bekannteste Puppentheatertradition für Kinder überhaupt. In «Radau um Kasperl» geht Kasperl für seine Frau Puschi einen Fisch kaufen, gerät aber auf dem Weg an einen Radiosprecher. Kasperl erfährt, was Radio ist und dass die eigene Stimme durch das Mikrofon draußen in der Welt zu hören ist. Er geht mit ins Studio, denn er will mit Seppl, den er schon lange nicht mehr gesehen hat, ein Hühnchen rupfen. Als Kasperl seinen dummen Freund durch das Mikrofon wüst beschimpft, greift der Radiosprecher ein, und es kommt zu einer wilden Verfolgungsjagd. Kasperl rettet sich in ein chinesisches «Speisehaus». Er hat kein Geld und bietet dem Wirt seine Jacke an, aber der serviert Essen nur gegen Bares. Kasperl quittiert die Weigerung des Wirts mit einer Ohrfeige und flieht weiter.

Im unveröffentlichten Zeitungsartikel «Situation im Rundfunk» kritisierte Benjamin das Chaos unter den Radiostationen der späten Weimarer Republik. Ausländische Sender würden die kleinen deutschen Stationen, die oft nur in einem Radius von vierzig oder fünfzig Kilometern senden konnten, übertrumpfen. Jetzt habe man in Deutschland beschlossen, neun oder zehn große Sender einzurichten. Angeblich um störungsfrei ausstrahlen zu können, aber der wahre Grund, so Benjamin, sei politisch: Man brauche das Radio als Propagandainstrument im Kriegsfall. Das war 1930, drei Jahre später flüchtete Benjamin nach Paris.

1930 schrieb Benjamin für die Zeitung auch über das Essen: sechs Miniaturen über frische Feigen, Café crème, Stockfisch, Borschtsch, Maulbeer-Omelette und anderes. Erinnerungen an Capri, Neapel, Rom, Paris und Moskau flossen ein. Benjamin war auf den «ebenen Straßen des Appetits» herumgekommen, aber auch in den «Urwald des Fraßes» geraten. Von ihm stammt die bis heute schönste Beschreibung von Gier, also vom Fressen mit Stumpf und Stiel: So tief hineinlangen «wie wenn man sich in eine Melone hineinwühlt wie in ein Kissen, Kaviar aus knisterndem Papier schleckt und über einer Kugel von Edamer alles, was sonst auf Erden essbar ist, einfach vergisst.»

Die Rolle des Küchenmeisters spielt er in einer Satire auf die deutsche Universitätslandschaft selbst. Nach seiner Promotion über Kunstkritik an der Universität Bern schrieb er seine Habilitation über Literatur an der Frankfurter Universität. 1925 scheiterte das Vorhaben, und die Chance auf eine Germanistikprofessur war vertan, gewiss eine der bittersten Erfahrungen in Benjamins Leben. Er kleidete sie märchenhaft ein, erzählte das Dornröschen «zum zweiten Mal», aber so, dass es nicht durch einen Kuss wach werde, sondern durch den Schall einer Ohrfeige, die der Küchenmeister dem Küchenjungen gebe. «Ein schönes Kind schläft hinter der dornigen Hecke der folgenden Seiten. Dass nur kein Glücksprinz im blendenden Rüstzeug der Wissenschaft ihm nahekommt. Denn im bräutlichen Kuss wird es zubeißen. Vielmehr hat sich der Autor es zu wecken als Küchenmeister selbst vorbehalten. Zu lange ist die Ohrfeige fällig, die schallend durch die Hallen der Wissenschaft gellen soll.» Dornröschen sei in Schlaf gefallen, als es sich in der «Rumpelkammer» heimlich einen Professorentalar machen wollte und sich am «altmodischen Spinnrocken» gestochen habe. Sollte das bitterböse Märchen die Professoren das Fürchten lehren? Nachzulesen ist es heute als Vorrede zum «Ursprung des deutschen Trauerspiels».

Benjamin fand in Paris Bewunderer und neue Freunde, aber nur ein dürftiges Auskommen als Publizist. Als die Nazis in Frankreich einmarschierten, floh er mit seiner Schwester und vielen anderen nach Südfrankreich, beschaffte sich die nötigen Papiere für die Einreise in die USA und büffelte mit Hannah Arendt Englisch. Als er mit ihr Schach spielte, hörte sie ihn zum ersten Mal von Freitod reden, später erfuhr Arendt, dass Benjamin eine Bekannte gefragt habe, wo man Gift bekomme. Seine Schwester schaffte es sterbenskrank über die Schweizer Grenze, Benjamin nahm sich an der spanischen Grenze das Leben.

Dornröschen, das ist auch ein Märchen für die Rezeption Walters Benjamins und seines Werks. Es lag eine gute Weile im Dornröschenschlaf, bis nach dem Zweiten Weltkrieg von überall her die Manuskripte, die Benjamin Freunden anvertraut hatte, eingesammelt waren und man den Autor aus dem Nachlass zu rekonstruieren begann. «Unter den vielen Sorten von Ruhm, den billigen und den erhabenen, ist der Nachruhm wohl der traurigste», schrieb Hannah Arendt in ihrem Essay über Benjamin. Sie konnte nicht erahnen, dass Benjamin seit der Edition seines Gesamtwerks in fast jeder literaturwissenschaftlichen Arbeit mitredet, weit über die Germanistik hinaus. Heute genießt er ohrfeigenfreie Anerkennung.

Diese in allen Wassern
gewaschenen Nudeln müssen
20 Minuten über leichtem
innerem Feuer des Lesers
aufgesetzt werden. Die Mahlzeit
ist nahrhaft wie Märchen.

Walter Benjamin

Omelette surprise

für 4 Personen, 30 Minuten

Die «Omelette surprise» ist märchenhaft und paradox, verspielt und schwer zugänglich, wie vieles in Benjamins Werk. Ein Motto zu seinem «Ursprung des deutschen Trauerspiels» warnt Leser und Autor mit einem Kindervers: «über Stocke und über Steine, aber brich Dir nicht die Beine». Die «Omelette surprise» serviert das kalte Herz unter einer heißen Hülle, denn sie ist überbackene Glacé.

Die schützende Hülle
Zuerst heizt man den Backofen bei reiner Oberhitze auf 220 Grad vor.
Eine Gratinform mit Löffelbiscuits dicht belegen und mit einer Mischung aus 0,5 dl Birnensaft und 0,5 dl Williams beträufeln.
4 geschälte und entkernte Birnen in dünne Scheiben schneiden und mit einer Handvoll angerösteten und gehackten Baumnusskernen auf die Löffelbiscuits legen.

4 Eier trennen und die Eiweiße mit einer Prise Salz steif schlagen, dann in einer zweiten Schüssel die Eigelbe mit 3 EL Puderzucker schaumig schlagen und den Eischnee vorsichtig darunterziehen.

40 g dunkle Tafelschokolade, nach Geschmack auch mit Nuss, grob hacken und unter die Eimasse ziehen.

Der kalte Kern

Jetzt ist der Moment gekommen: Man holt einen kompakten Block Schokolade- oder Baumnussglacé (800–1000 g) aus dem Tiefkühler, legt ihn in die belegte Gratinform, bedeckt sie mit der Schaumhülle und schiebt sie sofort in den heißen Ofen. 8 Minuten bei 220 Grad Oberhitze backen.

Die «Omelette surprise» kommt aus dem Ofen direkt auf den Tisch. Wer's theatralisch mag, kann mit 40-prozentigem Williams – nicht aus dem Eisschrank! – am Tisch flambieren. Sofort schöpfen!

Zeig dein Talent

Die «Maulhelden» im Gespräch

Hildegard Keller und Christof Burkard sprechen darüber, was sie auf maulhelden.ch in die Welt bringen und wie ihre Vision vom wahren Maulheldentum aussieht.

Tot, aber frisch
Christof: Ist der Titel «Frisch auf den Tisch» nicht etwas schief gewählt? Dieses Buch handelt doch von toten Autoren.
Hildegard: Ja, unsere elf Autorinnen und Autoren haben keine Chance mehr, ihre Stimme im Hier und Jetzt zu erheben. *Ihr* Werk ist abgeschlossen. Aber das ist gerade der springende Punkt: Sie haben uns *Werke* hinterlassen, und das ist der Schlüssel zu ihrer Lebendigkeit. Eine Autorin wie Alfonsina Storni ist zumindest hierzulande kaum bekannt, Gottfried Keller umgekehrt ist so altbekannt, dass er schon fast ein wenig riecht. Doch, doch: in alter und dennoch neuer Frische lassen sich beide präsentieren.

Christof: Tote Autoren und ihre Bücher sollen lebendig sein? Das kann nur eine Literaturwissenschaftlerin behaupten.

Hildegard: Ein Kunstwerk ist nicht an Zeit gebunden, jedenfalls nicht so wie unsere Körper. Man sagt zu Recht, dass sich ein Mensch durch das Schreiben eines Buchs verewigen kann. Ich möchte noch eins draufsetzen. Ein Roman, ein Theaterstück, ein Gedicht ist für mich wie die Hand einer Autorin. Ohne dass sie physisch unter uns sein muss, greift sie durch ihr Wort in mein Denken ein, berührt und bewegt mich, kann mir aber auch einen Klaps oder einen Nasenstüber geben – dazu sind ja alle unsere Autorinnen absolut fähig. Das gilt aber nur, wenn die Nachgeborenen sie noch lesen! Wenn wir ins Gespräch mit ihr kommen, altert Literatur nicht. Die Figuren eines Romans oder Theaterstücks müssen ins Leben derer gelassen werden, die noch eins haben. Das heißt es, ihre Frische zu entdecken. So, und jetzt bist du dran.

Düsentrieb oder Maulheld?

Hildegard: Was ich schon immer wissen wollte: Wie erfindet man eigentlich ein Rezept?

Christof: Ich muss festhalten: Eier, Gemüse, sogar wenn es mal ein Stück totes Tier oder einen Fisch gibt, alles ist superfrisch und knackig bei mir. Mein Rohstoff ist also nicht wie deine Autoren, das möchte ich vorausschicken, aber zu deiner Frage muss ich sagen: Ich erfinde meine Rezepte nie von Grund auf neu, denn der Vorrat an Lebensmitteln ist ebenso begrenzt wie die Zubereitungsmethoden. Alles, was auf den Märkten der Welt angeboten wird, ist schon für mehrere Gerichte verwendet worden. Und auch ich selbst als Koch greife auf eigene Esserfahrungen zurück, mit denen ich weiterarbeite – auch wenn mich die Erinnerung gelegentlich täuschen kann.

Hildegard: Bist du gar kein Daniel Düsentrieb der Küche, sondern einfach nur ein Maulheld?

Christof: Weder noch! Ich sehe mich durchaus auf den Schultern von Größeren sitzend. Escoffier, Bocuse und Rémy aus «Ratatouille» sind vorausgegangen, aber auch Anny, deine Mutter. Trotz allem Respekt *spiele* ich, das ist das Maulheldenhafte daran. Wer nicht spielt, verpasst sein Menschsein. Ich behaupte, dass es der Welt an echtem Maulheldentum und inspiriertem Aktivismus fehlt.

Hildegard: Maulhelden haben ein schlechtes Image. Sie gelten als Prahlhanse, die viel versprechen und wenig halten. Was ist ein Maulheld nach deinem Sinn?

Christof: Ein Maulheld nach meinem Geschmack schöpft und verkündet zugleich. Seine Arena sind Wort und Speise, Klang und Aroma, Tradition und Invention. Ein wahrer Maulheld weiß, dass jedes Gericht eine Geschichte braucht und eine Geschichte sich in etwas Essbares übersetzen lässt. Er tanzt zwischen den Sphären von Geist und Materie und bringt sie dazu, einander zu befruchten. Ein Beispiel: Es gibt seit über hundert Jahren ein Walliser Gericht namens «Cholera», eine vegetarische Pastete mit Früchten, Gemüsen und Raclette-Käse, und einer Geschichte zufolge kommen in das Gericht nur Zutaten, die während der Ausgangssperre der letzten Cholera vorrätig waren. Die Geschichte ist gut – und vermutlich falsch. Da hatte bestimmt ein Maulheld gewirkt. Ich gehe in der Regel den umgekehrten Weg und bringe Geschichten auf den Tisch. Ich frage also: Welches Gericht verbirgt sich in einer Geschichte, welches Menü in der Biografie eines Autors? Wie materialisiere ich das Werk eines derart eigenwilligen, arrivierten und mit Identitätsfragen besessenen Autors wie Max Frisch am besten?

Trump und Talent

Hildegard: Kann eigentlich jeder kochen lernen?

Christof: Menschen, die alles von anderen erledigen lassen, werden es nie lernen. Denn Kochen heißt, selbst Hand anzulegen und geradezustehen für das, was entsteht. Wetten wir, dass Donald Trump nicht kochen kann? Rezepte zu erfinden, das ist aber eine andere Sache. Wenn ich Workshops gebe, werde ich immer wieder gefragt: «Wie geht man beim Erfinden eines Rezepts vor? Kann ich das lernen?», und manche fügen an, sie seien «aber kein Hirsch in der Küche» oder «komplett fantasielos». Ich möchte Mut machen, Erfinder-Mut in der Küche fördern. Ich schreibe für alte Füchse ebenso wie für solche, die es werden wollen, und überhaupt für alle, die gern spielen und doch wissen, dass es gewisse Regeln gibt. Denn Erfinden heißt vieles, unter anderem sich an Altes heranzuwagen. Wir haben unserem Gespräch die Überschrift «Zeig dein Talent» gegeben. Man darf aber nicht vergessen, dass es heute YouTube gibt.

Hildegard: Meinst du die «How to»-Clips diverser Köche?

Christof: Erstens stelle ich jetzt die Fragen und zweitens meinte ich selbstverständlich die Formate im Internet, Fernsehen und wo auch immer, in denen sich dauernd irgendwelche «Talente» profilieren. Meistens singen sie «Killing me softly» und tun das dann auch gleich ihrem Publikum an. Warum also «Talent» im Titel?

Hildegard: Im Wort «Talent» steckt die wesentliche Herausforderung des Lebens. So erfahre ich es an mir selbst und an Menschen, mit denen ich arbeite: Wie bringe ich den Geist auf den Boden? Wie mache ich Gedanken, Stimmungen, Wissen sinnlich wahrnehmbar, also begreifbar, und was lerne ich selbst auf diesem Weg? Und umgekehrt: Wie bleibe ich nicht in der dichten Materie wie in einem Escape-Room stecken? Wer sich nicht vom Fleck bewegt, erfährt nichts und kann weder sein Leben aktiv gestalten noch seine Talente entfalten. Animiere dein Leben. Hauche ihm Seele ein.

Christof: Klingt biblisch – «und Gott machte aus einem Lehmklumpen den Menschen und blies ihm seinen Lebenshauch in die Nase». Meinst du das?

Beuys und andere Götter

Hildegard: Ja. Auch wenn es noch andere Götter gibt, die kneten, gefällt mir der Schöpfungs-
mythos der Mayas besonders gut: Die Götter
erschaffen die Menschen aus Maisbrei. Das
Wort «Talent» kam tatsächlich über ein bibli-
sches Gleichnis zu uns, eine kleine Geschichte,
die zeigt, was wir uns unter dem «Himmel-
reich» vorstellen sollen. Es ist alles andere als
ein Ort, an dem ich warten muss, bis mich der
Finger Gottes stupft. Ganz im Gegenteil geht es
um die Talente. Ursprünglich bezeichnete das
griechische «Talent» die Waage und das Wä-
gen, dann wurde daraus eine Gewichtseinheit
(Luther übersetzte «Zentner») und schließlich
die Gold- bzw. Geldmenge, die dem Wägegut
entsprach. Erst Paracelsus, der in Einsiedeln
geborene Arzt und Theologe, verstand unter
«Talent» nicht mehr Geld, sondern Geist. Talente, das seien der Verstand, die Imagination,
alle geistig-seelischen Kräfte des Menschen.
«Talent» bedeutet für mich Raum für unge-
ahntes Potenzial. *Darum* der Titel «Zeig dein
Talent».

Christof: Dieses *Zeigen* erinnert mich an Joseph
Beuys, der hatte doch eine Neigung zum Messi-

anischen und nannte eine seiner Installationen «Zeig deine Wunde». Wer seine Verletzungen der Welt offenbare, heile sich selbst, das war seine Botschaft. Denkst du vielleicht in eine solche Richtung?

Hildegard: Eine verwegene Idee. Ich schätze Beuys, aber ich habe an mir selbst und anderen mehr Heilung erlebt durch das Zeigen von Talent als von Wunden. Ich bleibe lieber meiner Erfahrung treu. Zeig dich und deine Fähigkeiten, deine Fantasie, denke leidenschaftlich, lass deinem Spieltrieb freien Lauf.

Christof: Auch an der Uni?

Hildegard: Literaturwissenschaft findet in unseren Breitengraden häufig so statt, dass man einen Text nicht wirklich mit Blick auf das menschliche Leben *tiefer versteht.* Wirkliches Forschen verlangt aber immer auch spielerisches Drauflosdenken, keine absehbaren oder bereits zu Ende kontrollierten Gedankengänge. Wo kein Mut zur neuen – vielleicht als kühn oder frech empfundenen – Hypothese besteht, wird nichts Neues mehr entstehen. Literaturwissenschaft muss aushalten und auch zulassen können. Neues wird nur aus neuen revolutionären Ansätzen gewonnen.

Christof: Auch eine Institution wie die Universität kann ganz unterschiedlich gedeihen. An welchen Kriterien bemisst du ihre Gesundheit?

Zeig dein Talent

Hildegard: Die Akademie lebt durch die Menschen, die in ihr wirken. Als Professorin fordere ich von den Studierenden, dass sie ihre Persönlichkeit *in ihre Arbeit* legen. So stellte ich bei den Studierenden Scharfsinn, Wissen und sprachliches Ausdrucksvermögen fest. Das ist für angehende Literaturwissenschaftler so wünschenswert wie erwartbar. Aber als ich mit theatralen Formaten und mit Multimedia-Storytelling zu experimentieren begann, entdeckte ich – und das finde ich grandios – auch Sängerinnen, die neben dem Studium in Ensembles und Bands auftraten und ihr ganzes Können in das Projekt einbrachten. Ich entdeckte mehrere Comedy-Talente, einen Kabarettisten, eine Kalligraphin, begabte Fotografinnen und vieles mehr, im amerikanischen Bloomington sogar einen Minnesänger.

Wer sein Talent zeigt, stellt zunächst einmal sein Licht nicht unter den Scheffel. Hinzu kommt, dass das Ergebnis seiner Arbeit mit großer

Wahrscheinlichkeit um vieles reicher, farbiger und stärker ausfällt. Ob eine klassische Seminararbeit, eine Multimedia-Geschichte fürs Internet oder eine Performance, sie wird immer um Dimensionen stärker, wenn das unerwartete Talent eingebracht werden kann.

Christof: Schon wieder die Bibel, aber immerhin klingt Scheffel ein wenig wie Schüssel, findest du nicht auch?

Hildegard: Ja, der Scheffel passt zur Küche, schließlich ist er ein flacher Henkelkorb für Getreide, ein Kübel oder Eimer gemäß einer jüngeren Bibelübersetzung. «Hast du es nicht mit Scheffeln, so hast du es doch mit Löffeln», ein Sprichwort aus dem Wörterbuch der Grimms, frei übersetzt «gib dich zufrieden mit dem, was du bist und hast».

«Your passion will find you»

Christof: Gar nicht unser Motto! Eigentlich erstaunlich, wie du zur Literaturwissenschaft und zur Mediävistik gekommen bist. Erstaunlicher ist nur noch, dass dich meine Kulinarik interessiert.

Hildegard: In Bloomington hörte ich von einem Kolumnisten der *New York Times,* es sei absolut unsinnig, dass man Studenten rate, sie sollen ihre «Leidenschaft» finden. «This is the biggest load of crap old people have ever foisted on the young. No, you will not find your passion. Your passion will find you. Relax and wait for it.» Er hatte ein berühmtes Beispiel zur Hand, Frances Perkins, unter Franklin Roosevelt die erste Frau in einem US-amerikanischen Regierungskabinett, wurde 1911 in Lower Manhattan Zeugin eines Fabrikbrandes und musste mitansehen, wie sich 47 Menschen aus den Fenstern der oberen Stockwerke stürzten. Sie widmete in der Folge ihr Leben der Arbeitssicherheit. «That passion found her.» Sie ließ sich von dieser Leidenschaft finden.

Christof: Hat dich eine berufliche Leidenschaft gefunden, oder war dein Berufsweg bereits biografisch angelegt?

Hildegard: In unserer Familie gab es an Lesestoff das eine oder andere Kochbuch meiner Mutter, die Automobil-Handbücher meines Vaters und dann noch die Zeitung. Als Kind war ich stets draußen, arbeitete oft bei Bauern mit, wenn ich nicht zeichnete und malte. Ich wurde erst als Teenager auf den Archipel von Kultur, Kunst und Geschichte gespült, dann aber war es ein maximales Eintauchen in diese Welt. Bis heute hat sich dies für mein Temperament bewährt: Mit Haut und Haar in den Stoff einsteigen.

Christof: Stichwort Spieltrieb! Verändert dich eigentlich dieses Spielen mit den Autoren?

Spiele und Spielereien

Hildegard: Das Spielen verändert nicht mich, sondern meine Beziehung zu den Autoren. Sie gewinnen eine andere Plastizität, wenn sie nicht nur mein Objekt sind, ich nicht nur über sie rede, sondern sie mitspielen lasse. Ich vermute, dass auch die Schreibenden miteinander in einen Austausch treten würden, wenn wir sie nur ließen.

Christof: Wie meinst du das?

Hildegard: Für dieses Buch haben wir elf literarische Porträts und zwölf Leckerbissen zusammengestellt. Sie zählen zu unseren Leibdichtern und nach so vielem Probekochen auch zu unseren Leibspeisen, wir schätzen ihre Sprache, haben Respekt vor ihrer Haltung im Leben, schätzen ihre Aufrichtigkeit und Klugheit. Das ist alles stark auf uns bezogen, und das ist schon richtig so. Ich stelle mir aber auch vor, dass wir sie alle, auch Max Frisch, an unseren Tisch bringen. Robert Walser stibitzt endlich mal was aus dem Teller einer Dame, Ingeborg Bachmann lobt ihn für seine Frechheit, Alfonsina Storni tuschelt mit Hannah Arendt und erzählt, dass sich ihr Freund Benjamin fürs Kindertheater stark gemacht habe, aber Arendt interessiert sich mehr für die Juden in Buenos Aires. Herman Melville und Gottfried Keller vergleichen die Länge ihrer Bärte und stoßen auf ihre runden Geburtstage an, Melville ist nicht einmal zwei Wochen nach Keller geboren. Rosa Luxemburg wendet sich von Keller ab, nicht ihr Geschmack, und beugt sich zu Walter Benjamin hinüber. Der will über die Kinderstücke seiner Geliebten Asja Lacis reden, Kommunismus für die Zukunft und so, aber Rosa will davon eigentlich nichts mehr wissen und ruft plötzlich: «Da, hören Sie, dieses *tsiwiii-tsiwii?* Die Kohlmeise!».

Christof: Wo führt denn so eine Spielerei hin, wenn nicht vom Hundertsten ins Tausendste?

«Lebenskunst» und Arbeitsrecht

Hildegard: Okay, dann halt wieder andersrum. Von Haus aus bin ich Mediävistin, und es war ein Mediävist, der im spielenden Menschen den entscheidenden Faktor für die Evolution des Menschen sah. Johan Huizingas «Homo ludens», das Buch war ausgerechnet im Jahr 1939 erschienen, wurde berühmt und ist es bis heute geblieben. Aber mindestens so wichtig scheint mir Friedrich Schillers Wort: «Denn, um es endlich auf einmal herauszusagen, der Mensch spielt nur, wo er in voller Bedeutung des Worts Mensch ist, und er ist nur da ganz Mensch, wo er spielt.» Schiller verstand den Satz aus seiner Ästhetik als «Lebenskunst», und dass die akademische Welt skeptisch bleiben würde, sah er mit Gelassenheit voraus: «Aber dieser Satz ist auch nur in der Wissenschaft unerwartet».

Christof: Schiller war Arzt, er praktizierte als Chirurg, das merkt man einfach. Als Jurist bin ich am Lebensalltag gewisser Autoren wahrscheinlich näher dran als du, vorhin zum Beispiel, als es um Frances Perkins ging, musste ich an Franz Kafka denken. Er war Jurist bei der Prager Arbeiter-Unfall-Versicherungs-Anstalt für das Königreich Böhmen. Er verdiente sich sein Leben als Angestellter, wie ich, und schlug sich mit Fragen des Arbeitsrechts, der Arbeitssicherheit herum, ich zudem mit Sozialversicherungsrecht und zuvor mit dem Opferhilfegesetz. Ich muss zugeben, dass Kafkas aggressive

Metaphorik für die Literatur mich gerade auch wegen unseres gemeinsamen beruflichen Hintergrunds immer befremdet hat. Ich finde eigentlich bis heute merkwürdig, dass Bücher «beißen» und «stechen» sollen und manchmal sogar wie «Faustschläge» aufs Haupt der Lesenden wirken sollen.

Die Identität einer Tomate

Hildegard: Kafkas berühmte «Axt für das gefrorene Meer in uns» – und wo ist deine Frage? Sie sind dir wohl ausgegangen, also lass mich mit einer aushelfen. Was macht ein Gericht unverkennbar?

Christof: Nahrungsmittel haben ganz grundsätzlich Eigenheiten, die sie unverkennbar zu dem machen, was wir mit unseren Sinnen wahrnehmen. Konsistenz, Aussehen, Duft, Geschmack, wie sich etwas in der Hand anfühlt. Differenzen regen auch die Sinne an, deshalb züchtet man immer wieder neue Sorten von Tomaten. Und an diesen abstrakten Kategorien hängt ein ganzer Rattenschwanz von persönlichen Erinnerungen an Genüsse, die nur im Gaumen des Essenden derart positiv und schön sind. Der Geruch vieler Schweizer Käsespeziali-

täten ist beispielsweise nur für Schweizer wunderbar, weil sie seit dem ersten Skilager wissen, dass gutes Fondue immer auch stinkt. Wer nicht damit aufgewachsen ist, hält den Gestank kaum aus.

Hildegard: Weichst du dem Wort «Identität» aus?

Christof: Ich bin nicht sicher, ob ich von Identität in der Küche sprechen würde. Der Ausdruck mag der Schlüssel zu politischen Debatten unserer Tage sein, und vieles, was in der Küche und an Tischen passiert, ist heute politisch aufgeladen. Aber willst du wirklich, dass ich von den kulinarisch Ausgegrenzten erzähle, den geschmähten Nahrungsmitteln, die mir so am Herzen liegen? Dann höre ich nicht mehr auf. Nur so viel: Ich bin sicher, dass man Robert Walsers Text über die Wurst besser lesen kann, wenn man selbst einmal gewurstet hat. Das ist für mich Identität in der Küche. Außerdem: eine Tomate wird nie «Ich» sagen können.

Hildegard: Kann man Nahrungsmittel und Gerichte sozialgeschichtlich erforschen, vielleicht wie ein Bauwerk, einen Roman, ein Theaterstück?

Geschichte in der Küche

Christof: Auf jeden Fall. Am Essen hängt Zivilisations- und Kulturgeschichte, und die erforsche ich ja in der «Edition Maulhelden», beispielsweise in «Lydias Fest» mit kleinen Geschichten zur Kulinarik zu Gottfried Kellers und Lydia Welti-Eschers Lebzeiten. Ich erzähle, wie die Eisenbahn, die Alfred Escher so sehr propagiert hat, die Ernährungsgewohnheiten in der zweiten Hälfte des 19. Jahrhunderts verändert hat, weil neue Waren aus den sogenannten Kolonien selbst in die Läden entlegener Täler gebracht werden konnten.

Hildegard: Wagst du dich auch in die Linguistik?

Christof: Manchmal hinterfrage ich, warum ein Gericht so heißt, wie es heißt. «Der Imam fällt in Ohnmacht» zum Beispiel – heißen die gefüllten Auberginen so, weil der gewölbte, dunkle Rücken einer liegenden Aubergine dem vom Wind aufgeblähten Gewand eines Predigers ähnelt? Ist das ein Lachen gegen die Macht der Geistlichen in den eigenen vier Wänden? Oder ein Beispiel aus der Schweiz: Warum heißen «Fotzelschnitten» eigentlich überall sonst auf der Welt «Arme Ritter»? Duldeten die Eidgenossen Adelstitel nicht einmal in der Küche? Und was sind eigentlich die ach so berühmten «Madeleines» von Proust? Es sind gewöhnliche Schmelzbrötchen. Wären sie nicht literarisch aufgepimpt, wären sie nicht der Rede wert.

Etwas Neues kochen heißt also, nicht so genau hinzuschauen, spielend zu verwechseln. Letztlich heißt Erfinden aber auch, die Gesetze zu respektieren und in innovativer Weise anzuwenden. Wenn du so willst, bin ich auch in der Küche Jurist.

Altes neu erfinden

Hildegard: Ich möchte zu deinen Rezepten zurückkommen: Wie kam es zu deinen Königsberger Klopsen?

Christof: Wenn ich etwas Neues erschaffen will, gibt es irgendwo in mir meistens eine Ahnung davon, eine Art Schattenwurf des Rezeptes. Zuerst ist das Erinnern. Es gibt ein Rezept, das Königsberger Klopse heißt, aber in seiner verbreiteten Form enttäuscht. Vielleicht hat man es mal in der Mensa einer deutschen Uni gegessen – oder eben dann stehen lassen. Deshalb kommt dann das Vergessen, beispielsweise die Béchamelsauce, die darf man als Grundlage ruhig vergessen. Dafür kommt das Vermuten jetzt zu seinem Recht, die vermutende Suche nach dem Guten.

Hildegard: Zitrone?

Christof: Zitrone ist göttlich in allem, aber nur die Schale, die feingeriebene Zitronenzeste durchsonnt die Fleischmasse. Wie ist das mit den Sardellen – bringen sie die Umami-Note in den Geschmack oder sind sie eine überflüssige wilhelminische Zutat? Kapern, und zwar Salz-kapern, sind nicht verhandelbar, sie müssen rein. Auch das Spielen darf nicht zu kurz kommen, hab ich ja schon gesagt. Braucht es nun Ei oder nicht? Damit muss man experimentieren: Machen wir's doch einmal ohne und einmal mit Ei. Und welches Fleisch? Probieren wir's doch einmal mit Kalbshack und einmal Hühnchen-hack, letzteres ist sensationell in diesen Klop-sen – aber bitte kein Quälfleisch!

Maisbrei und Kloßmanie

Hildegard: Mir ist aufgefallen, dass viele deiner Rezepte in diesem Buch zu einem Gericht mit kleinen, runden Kugeln führen. Hast du eigent-lich eine Kloßmanie?

Christof: Was für eine Idee. Wie kommst du denn darauf?

Hildegard: Schau nur, was für Rezepte du für unsere Autorinnen vorschlägst – Alfonsinas Malfatti, Hildegards Hechtklößchen, Hannahs Klopse und sogar Ingeborg widmest du Kugeln. Woher kommt's?

Christof: Vielleicht ist es meine Leidenschaft für das Zusammenbauen. Ich experimentiere wahnsinnig gern mit Aggregatszuständen. Klöße oder Klopse sind aus kleinen Teilen zusammengesetzt, ihre Grundmasse ist flüssig, und doch erheben sie sich dank Hitze zu neu geschaffenen Körpern des Genusses. Die Magie dieser veränderlichen Natur gefällt mir schon. Das ist wahre Schöpfung! Am Anfang der Welt wurde auch nicht gemeißelt, sondern mit den Händen geformt, ob nun Lehm oder Maisbrei.

Hildegard: Du wolltest vorhin noch etwas über die Zubereitungsarten sagen?

Christof: Viele finden, das Garen beispielsweise gehöre in einen Anfängerkurs – aber ich finde, an den einfachen Methoden kann man die Gesetze kennenlernen. Ja, auch in der Küche gibt es Gesetze, die man respektieren muss. Und dazu gehört das Garen, nicht von Steinen oder Gemüse –

Hildegard: Steine?

Vom Garen und Meditieren

Christof: Ja, Steinsuppe wird in Escholzmatt serviert. Das Zaubern in der Küche wäre ein grandioses Thema, aber ich finde hier wichtiger zu sagen, dass das Garen vieles überhaupt erst genießbar macht. Das beginnt bei den Kartoffeln, vielen Arten von Hülsenfrüchten bis hin zum galizischen Tintenfisch. Das Garen oder Braten – mit oder ohne Kupferrohr – macht vieles erst genießbar. Das gilt auch für die Genüsse des Geistes, für die Philosophie, ganz besonders für Heidegger oder Derrida – ach ja, der gute Claude Levi-Strauss, der über Gekochtes und Rohes schreibt, ist lesenswert.

Hildegard: Klingt nicht gerade nach einem Anfängerkurs, gehen wir zurück zum Garen von –?

Christof: Fleisch. Es *muss* durchgegart werden, in Teigtaschen ebenso wie in selbstgemachten Würsten und Königsberger Klopsen, für die ich hier Hühnchenfleisch vorschlage. Aber auch bei Bio-Geflügel müssen die Hygiene- und Kochvorschriften eingehalten werden, sonst geht die Sache übel aus. Worauf ich hinaus will ist eine Gegebenheit, die ich hier Gesetz nennen möchte: Jedes Gericht braucht seine eigene Zubereitungszeit, damit es sei-

135

ner Perfektion entgegenmeditieren kann. Das Schönste am Kochen ist ja, dass das eine Zeit von großer Sinnlichkeit ist, es duftet, brutzelt und knuspert, es dampft, schmeckt und geht durch alle Sinne. Für mich eine ideale Form der Meditation.

Lieber Maulheld als Food Waster

Hildegard: Schlecht fühlt es sich auch an, kunstvoll Zubereitetes wegzuwerfen. Der Ausdruck «Food Waste» ist mir bereits in Amerika begegnet, jetzt ist er auch hierzulande in aller Munde. Christof, hast du dazu zum Schluss noch einen Tipp?

Christof: Ich koche am liebsten für den Verzehr, nicht für die Lagerung, aber wenn ein Gericht nicht aufgegessen wurde, so wärme ich es später schonend auf. Das Bewusstsein für Food Waste wurde nicht in Amerika erfunden. Im Freiamt, wo ich aufgewachsen bin, durften wir nie Brot wegwerfen. Brot galt als heilig. Wenn ich es mir recht überlege, hat meine Neigung zur Kloßbildung irgendwie auch damit zu tun, dass ich keine Nahrung vergeuden will. Altes Brot kann in Klößen und Klopsen aufs Wunderbarste gerettet werden.

Wir haben viel gelernt beim Schreiben der Geschichten, und wir haben gut gegessen und getrunken beim Erfinden und Zubereiten der Gerichte. Möge das auch für die Leserinnen und Leser so sein.

Hildegard Keller und Christof Burkard

Am Tag des heiligen Gallus und der Welternährung

WEITER LESEN

Herman Melville: Moby-Dick. Übersetzt aus dem Englischen von Matthias Jendis. München 2001.

-: Ein Leben. Briefe und Tagebücher. München 2004.

Alfonsina Storni: Meine Seele hat kein Geschlecht. Übersetzt und herausgegeben von Hildegard Keller. Zürich 2013.

Friedrich Glauser: Gourrama. Roman aus der Fremdenlegion. Zürich 1959.

-: Das erzählerische Werk. Herausgegeben von Bernhard Echte und Manfred Papst. Zürich 2008.

Ingeborg Bachmann: Die blinden Passagiere. In: Ingeborg Bachmann. Werke. München 1993, Band 4, 35-44.

Gottfried Keller: Historisch-Kritische Gottfried Keller-Ausgabe. HKKA. Herausgegeben unter der Leitung von Walter Morgenthaler. Basel u. Frankfurt / Zürich: Stroemfeld / Neue Zürcher Zeitung, 1996-2012.

-: Gesammelte Briefe in vier Bänden. Hrsg. von Carl Helbling. Bern 1950-1954.

Hildegard von Bingen: Heilkraft der Natur. «Physica». Rezepte und Ratschläge für ein gesundes Leben. Übersetzt von Marie-Louise Portmann. Freiburg im Breisgau 1993.

-: Briefwechsel. Nach den ältesten Handschriften übersetzt und nach den Quellen erläutert von Adelgundis Führkötter. Salzburg 21990.

Robert Walser: Für die Katz. Prosa aus der Berner Zeit. 1928-1933. Berlin 2002.

-: Mikrogramme 1924/1925. Herausgegeben von Angela Thut, Christian Walt und Wolfram Groddeck. Basel 2015.

-: Feuer: unbekannte Prosa und Gedichte. Herausgegeben von Bernhard Echte. Frankfurt am Main 2002.

Hannah Arendt: Eichmann in Jerusalem. Ein Bericht von der Banalität des Bösen. Aus dem Amerikanischen von Brigitte Granzow. München 1964.

-: Rahel Varnhagen: Lebensgeschichte einer Jüdin aus der Romantik. München 1959.

Max Frisch: Homo faber. Frankfurt am Main 1957.

-: «Wie sie mir auf den Leib rücken!» Interviews und Gespräche. Herausgegeben von Thomas Strässle. Berlin 2017

Rosa Luxemburg: Reden. Herausgegeben von Günter Radczun. Stuttgart 1976.

-: Friedensutopien und Hundepolitik. Schriften und Reden. Herausgegeben von Dietmar Dath. Ditzingen 2018.

-: Die Liebesbriefe. Herausgegeben von Jörn Schütrumpf. Berlin 2012.

Walter Benjamin: Über Haschisch. Novellistisches, Berichte, Materialien. Frankfurt am Main 1972.

-: Radio Benjamin. Edited by Lecia Rosenthal. London / New York 2014.

Dank

Wir danken Stephan Bader, Leitender Redaktor des «Literarischen Monats», für die hervorragende, beflügelnde Zusammenarbeit und seinem Vorgänger Michael Wiederstein für Neugier und Wohlwollen. Alicia Romero ist als Produzentin des «Literarischen Monats» die Zuverlässigkeit in Person, ihr Appetit auf Bilder machte uns immer wieder neu Mut.

edition maulhelden

FÜR KOPF, HERZ UND GAUMEN

№ 1 Lydias Fest
zu Gottfried Kellers Geburtstag
ISBN: 978-3-907248-00-3

№ 2 Frisch auf den Tisch
Leckerbissen der Weltliteratur
ISBN: 978-3-907248-01-0

№ 3 Gott und die Welt
Im Gespräch mit Alois Haas
erscheint 2020

Newsletter abonnieren: www.maulhelden.ch
Im E-Shop kaufen: shop.maulhelden.ch

Die Freundschaft zwischen Lydia Welti-Escher, Gottfried Keller und Karl Stauffer-Bern neu erzählt, mit neun Geschichten zum Essen und den Rezepten für das Geburtstagsmenü.

© 2020 Edition Maulhelden, Zürich
Hildegard Keller und Christof Burkard
Buchgestaltung, Illustration und Umschlag: Hildegard Keller
in Zusammenarbeit mit Linus Hunkeler
Typografie und Satz: Linus Hunkeler
Lektorat: Stephan Bader
Korrektorat: Elena Wetli
Druck: Friedrich Pustet GmbH & Co. KG
ISBN: 978-3-907248-01-0
www.maulhelden.ch